花儿游天涯，
慈母萱草堂。
纵有万般念，
摘花安心房。

女儿，妈妈有话和你说

冯杨 著

中国民族文化出版社
北京

图书在版编目（CIP）数据

女儿，妈妈有话和你说 / 冯杨著 . -- 北京：中国民族文化
出版社有限公司，2023.11(2025.6重印)
ISBN 978-7-5122-1837-6

Ⅰ . ①女… Ⅱ . ①冯… Ⅲ . ①故事 - 作品集 - 中国 -
当代 Ⅳ . ① I247.81

中国国家版本馆 CIP 数据核字（2023）第 216566 号

女儿，妈妈有话和你说
NÜER, MAMA YOU HUA HE NI SHUO

作　　者　冯　杨
责任编辑　张　宇
责任校对　李文学
出 版 者　中国民族文化出版社 地址：北京市东城区和平里北街 14 号
　　　　　邮编：100013 联系电话：010-84250639 64211754（传真）
印　　装　三河市同力彩印有限公司
开　　本　880mm×1230mm　1/32
印　　张　6.5
字　　数　130 千字
版　　次　2023 年 11 月第 1 版
印　　次　2025 年 6 月第 2 次印刷
标准书号　ISBN 978-7-5122-1837-6
定　　价　56.00 元

致女儿的话

亲爱的女儿：

白驹过隙，日月如梭。转瞬间，我的女儿已经长大成人，我的前半段人生也携着时光悄然逝去。循着记忆，我似乎什么也没留下，不免深有所思。于是，我将过往的所见所闻、所思所想，以及对生活的体会，做一个梳理，清晰地摆放眼前，一边回味，一边从中反思、反省，希冀着人生的下半段能取得进步，有所成长。

我的主观愿望是希望我的女儿，对书中那些人情过往，慢慢地读，细细品味生活中的甘甜与奇妙。它好像是一位朴素又普通的妈妈，小心翼翼、温情脉脉地将一支调温器放到女儿手心里，希望女儿从成长到成熟这段旅程中，始终保持在恒温的状态下，以达到生命之平衡。这支调温器，它可以平息、降伏内心升起的火焰、欲望；它能让一颗绝望的心灵找到方向，并一直处于平和、适中的最佳状态。

我从着手书写，每写到一个主题，总会不由自主地喃喃自语，"我的孩子是否会喜欢这样的故事？这个故事中的哪些情节能够帮助到孩子？它所反映的道理是否简而易懂？"事情往往是说起来轻松，做起来并非容易，更何况像我这样一个写作的门外汉，写作更是难上加难。

求学无笨者，只要肯努力。我凭着一股倔强，每天坚持写，反复修改，苍天不负有心人，我终于完成了这本《女儿，妈妈有话和你说》。

写出来不是最终目的，而是希望书中某个点、某个面，能够与女儿产生心灵的共鸣，迸发出思想碰撞后闪耀的火花，且能让女儿在以后的人生路上，少走弯路，一帆风顺，那将是我莫大的自豪与欣慰。

诚然，我的女儿是优秀、善良的，是新时代的佼佼者。

希望女儿在经过一番努力拼搏，在走过千姿百态的大千世界后，更加睿智、成熟，生活处处春暖花开！

　　加油，我的女儿！

2023年书于 萱草堂

01

一万年太久，只争朝夕

亲爱的女儿：

我相信你听说过"时间是宝贵的"这句至理名言。虽是众人皆知的道理，可是仍然会有人将大把的时间浪费在无关紧要的事情上，包括我自己。时间是公平的，它不会因为某个人停留，也不会因谁而倒转；时间是无情的，它让你一不留神儿便失去青春年少，在不知不觉中白了头发、老了容颜。它是一条单行线，在这条渐行渐远的人生之路上，我越来越对时间有着更加深刻的感悟。每个人一天都拥有 24 小时，可是人与人之间却存在很大的发展差异，由此而产生不同的人生。时间属于勤奋者，成功者惜时如金，抓住分分秒秒向着高峰攀登。而平庸者往往无聊地熬过每一天，将大把的时间荒废于无意义的网络平台，到头来，自己没有取得任何方面的进步，白白地荒废了宝贵时光。

曾记得，我参加过一个业余财会学习班。班上有 40 多人，他们大都白天上班，利用下班后或周末的时间来学习。他们来去匆匆，好像与时间赛跑。记得每次上课之前都要举行一个简短的、振奋人心的仪式。组织者站在讲台上面向同学们，眼神庄严，举起紧握的右手，铿锵有力地喊出"学习的力量是强大的。"同学们也都笔直站立，举起握紧的右手齐声跟着喊："学习的力量是强大的。"同学们个个精神抖擞，学习劲头儿十足，即使在课间休息，大家也都在反复地练习着写账本、做统计。没过多久，不知道什么原因，也不知道从何时起，我就退学了，于是开始了自得其乐的日子，我时不时地找朋友扯八卦、闲逛，非但一无所成，反而虚伪地贪图享受。很快一年就这样混过去，我的上进心逐渐消退，意志力也随之消沉，最终两手空空，只留下了一副空皮囊，还有岁月在眼角留下的一道道痕迹。而财会班的同学们，则一边工作一边利用空闲时间学会了一项新技能。

如今回想起这段苍白的时光不免有些许的苦涩。女儿，明天你即将启程飞往英国继续完成学业，我为你的决心感到欣慰与自豪。英国有着深厚的历史人文底蕴，以及诸多风景名胜，英国的教育体制和学术品质在全球享有盛名。在这个古老又古朴的国度学习，希望你踏踏实实，勤奋刻苦，紧盯自己选择的目标努力奋斗，不左右摇摆。学习需要毅力，它如同一场苦行。在这场修行中，你要牢记亲人的鼓励与殷切的期待，将它化成你拼搏的动力，时刻提醒自己还有梦想没有实现，还有远方不曾抵达，不虚度分秒。

将要面临这短暂、辛苦的一年，你要用心耕耘，付出辛苦不要求一定得到什么回报，但它一定是人生中一段宝贵的历程。况且，付出终将会有收获，这是永恒的真理，只管做好自己，一切静待花开。学习如此，万事皆然。不要低估零散时间的价值。那些成功者不是因为他们有多少时间，是因为他们没有浪费零星的时间。要问未来的自己将会是什么样子，它取决于当下你用了多少时间来提升自己。倘若你对未来的路还不是很清楚，没关系，每个人的人生之路都是从模糊慢慢地走向清晰。当你徘徊不定的时候，先读万卷书，行万里路，让自己变得更优秀、更具有竞争力。当机会来了，便有资本和能力去抓住它，不让人生留有遗憾。

也许你会说，我还年轻，未来还很遥远。可是回过头来看，曾经的 20 岁早已悄悄溜走，那个情愫懵懂、彬彬有礼的小女孩儿现已步入而立之年。青春易逝，韶华难再，我们无法留住时光，不如趁此为当下增添几抹色彩，唯有把握好此刻才最珍贵。不要花费时间沉迷于过去，放下过去那些无法改变的曾经。因为过去是为了学习和创造今天更好的自己，不要去担忧未来，今天所做的一切正是为了更好的明天。

写到此，这一天已悄无声息地溜走于指缝间，而这一天永远不会再来。我们无法拥有万年的永恒，但是我们要珍惜眼下点点滴滴的时光。在你青春正好时，努力读书，一路前行。当你到耄耋之年回首往事的时候，一定会为今天的努力而感动万分。

祝学业有成、前程似锦！

爱你的妈妈

02

打造内心富足的自我

亲爱的女儿：

人生一定要有梦想，要打造内心的富足，实现自身价值。我不甘于游手好闲，总是希望通过工作来丰富人生阅历，让自己成熟起来。早些年，我经营了绿化公司，承揽了一些力所能及的绿化项目。其中一个项目，也是最后一个项目，让我至今难忘。起初根据预算这个项目是有一定的利润的，可是后来却变成了亏损。土建部分外包给了一个包工头，当时考虑这个人有一定的施工经验，报价低于其他人，所以包给了他。工程干到四分之一时，现场30多名工人突然停工，原因是包工头没给他们发工资。随后工人们申请劳动仲裁，此时，那个包工头拿着我付的钱早已没了踪影。为了赶工期，我不得不再一次拿出钱付给这些受害的工人，让他们拿着钱各自回了家。随后，我又花费高工钱招来一批新工人。这件事平息以后，我才知道事情的真相。原来这个包工头年轻时曾是一个工人，聪明会说话，慢慢地当上了小组长，再后来成为包工头。他觉得包工挣的钱太少又辛苦，内心不平衡。随后他和妻子办理了离婚手续，家产被处理得干干净净，他也成了孤家寡人。于是他开始利用这些工人，以不发工人工资的方式向多家企业诈骗。后来一家大公司提起公诉，直接把他送进了监狱。

起初在接手这个项目时，我把业务全部委托给新招聘来的项目经理。他是外地人，第一次到东北现场施工，与现场人员的关系相处得很不和谐，造成很多工程反复地拆改，浪费了很多的材料，增加了成本。主要原因是我没有认真监管，错误地做起甩手掌柜，最后这个项目不但没有利润，还造成亏损，把我手里仅有的一点存款都赔光了。除此之外，还外欠了 30 万元的材料款。

在这个项目施工期间，我正忙于装修家里的房子。装修过程中，装修队不按照合同价款执行，三番五次向我索要额外的费用，说是附加费用，我和施工老板争执起来。活儿干到一半，老板就撒腿走人了。我又重新找人，我成了跑腿的，一会儿买钉子，一会儿买砂纸，今天选板材，明天看涂料，一直忙了接近一年。一天下午，我去挑选家具，可能是因为一直忙碌，再加上在商场里转得眼花缭乱，开车回家的路上，头晕目眩，迷迷糊糊地回到家后，一头栽倒在床上，心里想着：我是怎么开车回来的？完全像是失去了记忆，本应该打车的，为什么冒着危险驾车呢？

紧接着，生活给了我重重一击，让原本宁静的生活变得一团糟，令我苦不堪言，使我整个人变得萎靡不振，整日灰头土脸，除了接送孩子上下学，根本无暇顾及其他事情。我望着女儿，看了一眼母亲，想一想过世的父亲禁不住泪如雨下。

恰好欧洲塞浦路斯遭遇金融危机后，为经济的复苏出台了新的移民政策，办理移民门槛低、速度快。于是我低价卖掉住房，还清所欠的材料款，左手牵着年幼的女儿，右手挽着年迈的母亲，毅然决然迈出了国门。这座美丽的地中海岛国，美得如诗如画，散发着迷人的浪漫气息，让人陶醉。我漫步在海边，看着湛蓝清透的海水，吹拂着温柔的海风，欣赏着美丽的落日和那蓝顶白墙的教堂，我仿佛漫步在人间天堂，内心是如此安宁与满足。我感谢上天对我的恩惠，让我和我生命中最重要的人、最爱的人一起生活在这里，不离不弃。我更加热爱生活，全身心沉浸在这份满足中，悠然自得。

这一年真的是一个倒霉年，而我却把它当成了幸运年。人生就是一次次的重生，山不转水转，总有一天会磨砺出一个全新的自我。我放下曾经遇到的那些为了一点蝇头小利就丧失自我的"克星"，内心剔除了那些不值得争，也不必去争的身外之物。我满心欢喜眺望天空中那一闪一闪的小星星。

自从关掉了经营的公司，我就没有了收入，除了女儿的学费外，生活上我过得很节俭。每次买菜购物，买什么都舍不得。尽管日子过得很简单，没有丰盛的大餐，没有山珍海味，我的内心却有着属于自己的一份馨香。我自学英语，很少求助于翻译人员的帮忙。生活中遇到的大事小事，都会尝试着自己解决。我没有坐在这长长的海岸线上虚度光阴，也没有让时光白白地流逝。我一边乐享生活，一边充实人生。每日坚持运动和学习，十年如一日，我收获了满满的幸福与内心的平和，又好像是一朵萱草花，有欢颜有花香，日日庭前笑语连绵。

　　女儿，你可能会认为我的经历对你起不了什么帮助。我是想说，在人生之路上，难免会遇到不可理喻的人、事、物。庄子有句话，夏虫不可语于冰。对于夏天的虫子，无论你怎样与它谈论冰雪，它也不会明白。每个人都是对方眼里的虫子，要学会包容、理解。学会告别，与悲伤，与不快，与昨日的时光。也难免会遇到突如其来的变故，要怀着无所畏惧的心境与之握手和言。放下该放下的，接纳迎面而来的好与坏、圆与缺，这个世界原本就是不完美的，这又何尝不是一种完美呢？

　　悠悠人生，经历些什么未必是不幸的。得之坦然，失之淡然。上帝为你关闭一扇窗，一定为你打开一扇门，不必为此耿耿于怀。所遭遇的经历都是一种成长，一场心智的修炼。

　　人生最美的姿态，犹如在经历风吹雨打的洗劫后，依然能抽出娇嫩的新芽，从而内心更加充实、充盈。不以物喜，不以己悲，有着身处淤泥而不染的纯洁。放眼世界，远远望见那被烈日烤晒得蔫头蔫脑的田野里，唯有隐秘在叶子深处那穗饱满的、微红的高粱，正展示着生生不息的生命力，倔强地洋溢着盎然的生机。它在用心感悟着一瓢一饮、一粥一碗的丰盛，乐享一花一叶的温柔。它对生活充满感恩，对万物流露出祥和与慈悲，展现着身置于草木、心安放于云水的雅致。它内足外俭，已是接近人生圆满。

晚安，女儿！

爱你的妈妈

03

不吝啬你的赞赏

亲爱的女儿：

说话是一门学问。良言一句三冬暖，恶语伤人六月寒。语言不仅有很强的感染力，也有很强的推动力，还能提高自我约束力，增强责任感。你可能会发觉，当一个人习惯于挑剔他人的缺点时，常常也影响到自己的情绪从而变得消极。当对他人发出赞美时，倾听者同样以愉悦的心情回应你。赞赏是一种生活态度和处世方式，它有助于营造其乐融融的氛围，推动人与人之间的和睦相处。

记得我刚开始写作时，并没有足够的信心，每写完一个章节，就发给侄女审阅，希望得到宝贵指点。每次她都很快回复："哇，满满的干货，按照您自己的风格写下去，这样挺好。"我不确定她是不是读过，但是，我确信她说的这句话力量十足，让我这个懒汉好像尝到了天鹅肉，坚定我写下去的决心，接下来夜以继日地忙碌写作。偶尔觉得很枯燥和辛苦，她就会调侃地说："您不写书，是浪费了一块材料。"我又像是被注入了鸡血，兴奋得不知疲倦，专注地坐在电脑旁码字。其中不乏带有一股倔强，想去证明自己是不是一块耐得住寂寞、守得住乏味的写作者。写作过程中我时不时地还会细细地咀嚼起侄女说的这句话，它是那么有味道且回味无穷。

赞赏不是夸大其词随意夸赞,过度的赞赏那是阿谀奉承,虚伪的赞赏是溜须拍马,它应合乎时宜而且恰到好处。真心地表达内心的钦佩，实话实说，才有力量。如果只盯着对方的缺点，一味地指责、批评，如同打在他脸上的沙子，给他带来一阵揪心的疼痛，他定会想方设法找准机会，狠狠地向你回击。

这种心理反应，作为妈妈我不会感到惊奇。那时你大学刚毕业，像是一匹脱缰的小野马，玩得乐不思蜀。妈妈看在眼里急在心里，希望你能有一份工作，以此增长社会阅历，积累经验，于是我忍不住反复唠叨，催促你出门工作。可是你却以为妈妈故意指责、挑剔你，存心找茬儿。由此你故意躲开我，眼不见、耳不听、心不烦，把自己的内心隐藏起来，裹得严严的，生怕被我刺耳的言语刺痛。后来，你凭借着自己的努力应聘到一家律师事务所，每日早出晚归，工作很是勤勤恳恳，思想也变得成熟起来。看到你的进步、成长，我深感欣慰。我没给予你过多的赞扬，因为你知道，你是不甘于平庸，不枉费青春，怀着满腔热情去开创自己的一片天空。

美国哲学家杜威说过："人类最原始的欲望应是渴望自己变得更重要，更有价值。"马斯洛认为人的较高层次需求是获得他人的认可与尊重。人在遭遇指责、挑剔后，不会觉得是情之深、爱之切，而是百分百地会找出各种理由为自己解释。非但改变不了结果，还得罪了人。这样的反应是合乎人性的。这不是夸张，因为不是每个人都有着同样的经历。未知全局，不可置评。所以，使用指责和挑剔就像是使用假钞一样，没有任何的好处，用得越多越是身陷殃池。

学会赞赏，激发他人内在的动力和潜能，从而推动他实现目标。它是生存之道，是人生大智慧。

几年前，我认识了物业公司的一名女孩儿，她是新应聘来的。之前负责与业主联系的楼管，像跑马场一样，流动性很大。那天，我接到新来女孩儿的电话，向我催缴物业费。听得出来她面带微笑，在不温不火的语气中明显带有不示弱、不低三下四的态度。

一次，我见到她，发觉她的确很圆滑，很聪明，说话处事很会拿捏尺度。我说："你刚毕业，情商真高，以后你要是自己做生意，一定能做得很好。"她说："姐，我来这两年多了，每天与业主沟通，解决业主的诉求，很多业主都已经付清了所欠费用。"

几年后，她微信我说："姐，我现在经营一家鲜花和蛋糕店，有需要的，联系我，"接着说，"我现在生意做得很好，感谢姐当年鼓励我，我才有信心挑战自己。"

丘吉尔说过，"如果你希望他怎样优秀，你就怎样去赞赏他。"赞赏真的比挑剔有效，它如沙漠中的甘泉，滋润干涸的心田。有时候，一句赞赏会改变一个人的命运。

祝周末愉快！

爱你的妈妈

04

远离有"毒"的朋友

亲爱的女儿：

俗话说："近朱者赤，近墨者黑。"朋友是怎样的人，将影响你成为一个怎样的人，朋友的价值类似于你的价值。与品德高尚的朋友在一起，自己会变得心胸宽广善解人意；与有理想、有志气的朋友结伴，他们会带动你积极进取，奋发向上。那些碌碌无为的人，当然，朋友的朋友也越来越不思进取、庸俗懒惰。要慎重选择朋友，择善而交。朋友能影响你的三观和认知，还能影响你未来的发展走向。选择朋友应谨守遵循以下几方面。

1. 不结交酒肉朋友

酒肉朋友就是一些人泡在一起，他们能吃到一起，能玩到一起，在推杯换盏中获得快乐。没错，通过酒肉能够结交朋友，但是靠着酒肉维持的一定不是真正的朋友。真正的朋友是淡如水，静如湖，他们重情重义，一旦你遇到困难，他们不用多说会主动出手相助。而那些在乎酒桌上自娱自乐的朋友，他们只讲利益，眼睛盯着对方的权势，琢磨着能给自己带来什么好处。当你遇到困难需要帮助时，他们会找出各种理由搪塞，甚至比谁跑得都快。如果遇到这样的人，要及时割舍。因为他们只会想着吃喝，消耗你的时间和精力，仅此而已。

2. 不结交撒谎的人

有些人偶尔撒谎是为了不引起矛盾，这些是善意的谎言。如果惯用谎言来欺骗对方，这是自作聪明，自欺欺人的把戏。其实每个人都有一定的预知、预感以及判断事物的能力。有些事看破不说破是大度，是一种胸怀。如果非得把对方的大度当软弱，把对方的善良当懦弱，最终吃亏的是自己。我身边就有好多这种人。表妹的前夫，是建筑公司的一名技术员。他经常以加班为名很晚才回家，甚至周末、节假日在家的时间也是屈指可数，时常告诉表妹要和公司某某一起出差，或者去外地考察项目等。表妹一边上班一边照顾孩子，还得买菜做饭。谎言只能是骗得了一时，骗不了长久。一段时间后，事实浮出了水面。原来他不回家的理由都是撒谎，他根本没有出差也没去考察什么项目，而是去了情妇的家。刚开始，表妹也琢磨着，在冬天很多土建项目已停工，就算有工人也会在五点天黑前下班，不可能天天加班。表妹也感觉到了丈夫已是身在曹营心在汉，为了家为了爱，表妹装作若无其事，不想去揭开这层一戳就破的窗户纸。可谁知，他自以为抓到了一个冤大头，越发地放纵。在愤怒之下表妹和他争吵起来，闹得不可开交。

人心真的不可直视呀！有很多这样的人，他们表里不一，嘴上抹着蜜，心里藏着阴，比狼都可怕，他们为了满足自我，把对方当傻子，一刀一刀地去戳伤那份善良。女儿，当遇到这样的人，你要思考，撒谎的背后一定是有预谋，或者从你这里达到什么目的，你不要犹豫，更不要考虑情面，尽快躲开、躲远，避免哪天耳朵根子发软，信以为真，或莫名其妙地上了他的圈套，结果造成引火烧身，不仅给自己的经济带来损失，心灵也会遭到伤害。

3. 不结交欺穷凌弱的人

真正的君子，对那些需要帮助的弱势群体，他会义不容辞伸出双手去帮助和保护他们。而往往那些没本事的人，看见富人和有权势的人就点头哈腰，看见弱者就扬眉吐气，恨不得再踩上两脚来逞威风。这样的人，不论他是能文还是能武，至少他的品行是差到极致。他没有同情心和怜悯心，只顾着围着利益和权势打转。不要去结交这样的人，不值得去浪费时间和精力，也不要听从他的花言巧语。当有一天你没有价值的时候，他就会露出真实的面目。

4. 不结交消极的人

消极的朋友不仅不能给你带来帮助，还会影响你的发展。当你陷入困境时，他只会对你讲无关痛痒的话，比如，一切由天注定，环境不好，社会风气有问题等。他的言语如同冰山冷水，浇灭你奋斗的激情，又好像一只苍蝇一样，嗡嗡地扰得你心烦。如果碰到这样的人，要躲得远远的，别让他改变了你的三观。去结交那些有正能量的朋友。当你失意、困惑时，他会手握一束光，冲着你喊："加油，你是最棒的。"

诚然，朋友相处也要有度，与朋友只交心，不可谈钱，更不要参与有利益纠葛的事。与生意伙伴，只谈合作，不谈心，避免日后商业谈判时，两方都勉为其难。朋友之间应相互帮助，帮助也要讲求方法，可以出人、出力，切记不要产生利益的纠葛，也不要轻易向谁借钱。如果借钱给对方，那就相当于花钱为自己买敌人，造成人财两空。小王和发小刚子从小形影不离，一起高中毕业后，小王经营起餐具批发的小生意，刚子开了一家生鲜超市。小王因一时资金周转困难，向刚子借了五万元用于临时周转，并保证最多用两个月后一定偿还。过了两个月，小王因还不上钱着急上火。妻子问："你现在有多少钱？"小王说："没钱。"妻子说："没钱？着急上火的是刚子，你该吃吃该喝喝，啥事别往心里搁。"新年即将到来，物价一天天上涨，刚子正等着用这笔钱备些货物，于是找到小王。小王说因为疫情餐饮业不景气，导致货物积压，没有钱偿还。刚子又是着急又是束手无策，只好心生闷气，还得忍受妻子的责怪。又过了三个月，刚子给小王发了微信说："你要还给我五万六千元。"过了一周，小王回复刚子的微信，说道："我刚刚把五万元汇到了你的卡上，借钱时根本没提到利息，你去法院起诉也得输。"两人都觉得很恼火，接下来关系也就可想而知了。

经营生意，会受到国家政策的调整以及社会大环境的影响。有时个人的计划往往会落空，许过的承诺也未必能兑现，造成两方都很恼火。欠款方因失信而尴尬，借予方后悔自己热心帮助，两者关系自然而然会越来越生疏。还有些借钱方故意不还，或因一些不可预测的原因导致生意关门，最后闹到法院，由此，朋友关系变成了仇人。

　　女儿，以上我所谈的是交友时容易出现的情况。世上没有绝对的事情，但也不等于不会发生。我不是故意打击别人，也不是表明每个人都是坏人。各自出发点不同，结果截然不同。我们不去管别人，只管做好自己的选择，千万不要去招惹有"毒"的人。做好防范，避免损友不断招惹麻烦，以至于影响到你未来的发展。择友一定要谨慎，它就像是选择食物，健康的食物营养丰富，有利于身体健康。反之，不健康的食物容易造成消化不良，还会增加内脏的负担。人的精力有限，只要问心无愧，该舍该断，该离该散，不要犹豫。这样你才能轻装上阵，更好地出发。

　　晚安！

爱你的妈妈

05

幸福的女人不抱怨

亲爱的女儿：

美国作家威尔·鲍温有一本著作《不抱怨的世界》，作者在书中直言不讳地指出，"抱怨的人是为了获取同情心和注意力，避免去做他不敢做的事"。是的，有人因一点不顺心的小事就习惯性地责怪、抱怨，到头来问题往往没有得到解决，却搞得自己像一只臭脚熏到了周围人。也许你会问，不抱怨如何发泄不满情绪？生闷气会不会生病？作者威尔·鲍温教会人们一个简单的停止抱怨的方法。将一个手环戴在一只手上，当发觉自己想要抱怨的时候，将手环换到另一只手上，以手环交替的方式提醒自己不要抱怨。坚持此法，直到这个手环能够持续戴在同一只手上21天。

作者在书中讲到一段往事，他的狗被卡车司机撞死后，司机逃跑了。作者想追上司机揍一顿，但在愤怒之下他却理智地调整了想法，心想，狗被撞死，内心受到最深伤害的是司机。于是克制了升起的恼火，没有将事情进一步恶化，避免了事态的恶化。假如生活中的每个人都能够换位思考，抛弃抱怨、责怪，那么，社会则一片和谐、安宁，人们的幸福指数将无限上升。提到幸福，不由自主地想到我的姐姐，她的内心好像隐藏着一株幸福的小花朵，娇艳靓丽，永远绽放。

母亲上班时厂里规定，职工的产假是 56 天。姐姐出生后的第二个月就被送进了厂里的托儿所。姐姐 10 个月时就能围绕着托儿所的护围走来走去。在她刚满 12 个月时的一天晚上，母亲抱着姐姐去厂里看电影，恰好邻居杜女士和薛女士两人从后面走过来。杜女士没有工作，她丈夫是一位工人，两人结婚多年，她一直没有孩子。杜女士格外喜欢孩子，不管遇到谁家的孩子总是忍不住拍一拍小屁股或抱一抱。那天还没等母亲回过头来，杜女士抬手从后面拍了两下姐姐的腿部，随即姐姐的腿就开始发抖。薛女士见此情景当场责怪杜女士："你下手怎么这么重，给孩子的腿拍得直发抖。"母亲急忙回到家，这时姐姐已经昏迷不醒，进入医院后被诊断为因拍打时过于用力，损坏到腿部神经，造成小儿麻痹。为了医治这条腿，姐姐忍受了无数次的针灸、穿刺、穿线，经历了无法用语言表达的折磨与疼痛。母亲和父亲抱着姐姐造访了大街小巷的诊所，问诊了大小城市的医院，试尽了各种各样的土方子，最终姐姐的腿还是无法治愈。父亲和母亲没有去找杜女士理论，一方面是因为杜女士的为人很差，胡搅蛮缠，家里过得穷困潦倒。另一方面，无论对杜女士采取怎样的责怪和埋怨也无法让姐姐的腿恢复，也不值得耗费心力，去跟一个不通人性、不讲道理的人争执。而杜女士和她丈夫非但没有来安慰我们一家人，还一再推卸责任，不肯承认自己用力拍打。姐姐长大后，知道了病情引发的原因，虽然她心里充满怨恨，但是她也没有因此与杜女士发生争吵。相反，每次遇到杜女士还会主动打招呼。

姐姐 19 岁那年，去长春 208 医院做腿部手术，需要住院 35 天。手术后过了一周，母亲要回厂里上班，那个时候，厂里要求很严格。母亲不得已，只能把姐姐一个人留在医院。姐姐很坚强也很热心，与病房的患者、医生、护士都相处得很好。当时医院里有一台缝纫机，姐姐曾经学过裁缝，在她手术后的第 4 周，为了感谢白衣天使们的精湛医术和大公无私的精神，姐姐一条腿打着石膏，用另一条腿踩踏缝纫机，用缝纫机无偿地帮助医院做了数百条漂亮的暖气罩。

我想，姐姐的内心肯定曾无数次充满了委屈，也曾对未来失望过，对生活绝望过。在痛与恨的交织下，她放下了一切的怨与恨、痛与苦，没有与杜家结仇，没有指责上天的不公，也从未抱怨过命运的不济。她从未停歇，提灯前行，不断地强大自己，梦想到达的地方脚步也随之到达。她用积极向上的心态治愈了曾经遭遇过千般磨难的内心。姐姐每天除了忙于家务外，还坚持诵读佛经，苦学中医，用自己的努力和智慧，诠释着对生命的热爱。她自酿甜蜜，自创幸福，正因如此，吸引了很多的好运气，一边享受着中医、佛经带给她的快乐，一边乐享着夫妻恩爱、儿孙满堂的幸福时光。

每个人的人生各不相同，有的人出生就带着金饭碗，有人出生就没见过爸爸或妈妈，有人出生就没有站立过。人们无法逆转事实，但是我们可以扭转心态，从多重角度看人生，将经历的磨难和挫折当成是上天最好的安排。天将降大任于斯人也，必先苦其心志，劳其筋骨。当所有的坎坷都走完一遍，剩下的路会更平坦、易行。

2011 年，我们几个好久没见面的女友一起去营口海边玩儿，7 个人驾驶两辆车。我和杜静坐在后排座位上，由老孙开车。大家好久没联系了，在车上彼此询问对方的生活状况。

杜静显得老了很多，脸色灰暗，两侧的脸颊略有些小斑块儿，由于长期皱眉头，两眉目之间形成一个很深的"川"字纹，整个人看起来很沧桑。

　　刚开始聊天杜静的情绪还算平稳，可后来越说越激动，嗓门越来越大，尖尖的声音简直刺耳。她不断地哀叹儿子学习不努力，成绩在班级倒数，为这事儿她曾被老师请去学校做检讨。回到家杜静责怪孩子不争气，抱怨老公没本事，挣的钱少，买不起学区房，婆家事多花费大等。她想让老公出夜市卖点日用品，增加点额外收入，可是老公懒惰、爱面子，下班回到家就坐在沙发看电视，玩手机，夫妻两人经常发生争吵。杜静谈起这些家庭琐事便喋喋不休，坐在一旁的我开始时听得很认真，时不时地发表感慨，没承想一路3个小时的车程时间都听她诉说了，只顾着自己发泄、抱怨，满身的负能量，大家愉悦的心情也被她搅得心烦、压抑。开车的老孙忍不住地说："杜静，我觉得你经营家庭的方法有问题，这样的态度，日子能过好吗？"

　　从营口回来后，杜静曾给我发过两次微信。正常聊几句后，又开始吐槽她家里那些陈芝麻烂谷子的破事儿，我没有细听也没有回复。在无声无息中彻底地删除了她。我选择躲避她，是害怕她的消极情绪影响到我的心情。杜静满腹牢骚，这种行为对她自己和她的家庭没有任何的好处。或许她是想推诿儿子不优秀、家庭不富裕的责任，是为自己找借口以此证明自己是优秀的。她不反躬自省，却在唾沫横飞地发牢骚，只知道发泄不快，却不去思考问题该怎样解决，弄得家里越来越糟糕。对于她的处境，我表示同情，可归根结底还是因为她是一个无能力、无头脑、不知进取的庸人，因为一点儿小事就小题大做，以抱怨、责怪的方式经营家庭。殊不知，这种怨气极易造成夫妻关系不和谐、母子关系和睦、幸福感越来越低。

　　人生哭笑参半、福祸相倚。当你拥有一些东西时，必然会失去另一些东西。偶尔发泄不满以舒缓坏情绪的困扰，是可以理解的。如果习惯性地抱怨和责怪，即便找出再多冠冕堂皇的借口，这个人也会被以为是"喷子"。她会招人反感，因为没有一个人会喜欢一个怨妇，也没有人会因她的抱怨而怜悯她。她只会遭到歧视，被视为只会闲言辞语，其他别无所长。所以，抱怨等同于往自己身上泼冷水，难受的是自己，就像是拿起石头砸自己的脚，受伤的也是自己。

　　习惯抱怨的人往往都是怨气很重的，在他内心角落好像住着一个恶魔，不断地激怒他，挑逗他，并招来坏运气。每抱怨一次，不仅影响到身体健康，还让他的生活陷于痛苦与失败之中。

　　抱怨是对糟糕问题一遍又一遍地重复，一次又一次地加强记忆。人生没有那么多的不幸，只有内心的消极、悲观。与其这样，不如学会变换思维，积极找出解决问题的办法，将问题处理好。抱怨的人不幸福，幸福的人不抱怨，那些低头忙于实战、少说多做的人，他的生活是一片大好光明。

　　晚安，女儿！

爱你的妈妈

06

将运动写入日程表

亲爱的女儿：

生命在于运动，运动让人们生机十足，心情酣畅，远离疾病。昨天姐姐说最近手指麻木，身体肌肉酸痛。不止这一次，近几年她身体健康状况明显下降，一个月前还得了一场感冒。平日里姐姐在饮食方面很自律，以清淡素食为主，她思来想去认为自己缺乏运动，造成免疫力低下而引发疾病。

我和姐姐年龄相差不大，体质相似。我平日坚持运动，她很少运动，于是我俩的身体状况出现了差别。从记事开始一直到现在，我除了分娩住院外，再没有因为其他疾病住过院，也很少有感冒发烧等不适的症状。虽说人吃五谷杂粮，有点小毛病是很正常的事情，但从我自身的经历证实了，运动可以减少疾病的发生，它能带给人们自由、快乐。相比之下，缺乏运动会降低身体机能的运转，以至于带来相关的负面影响。

前些年有一段时间，不知不觉我变得懒散，连续几年没有运动，再加之各方面压力，逐渐地出现失眠、焦虑等情况，皮肤暗淡无光，还患上了久治不愈的过敏性鼻炎，医生给我开了提高免疫力的药物来缓解症状。眼前摆放着一袋子药，我深感低迷，仿佛已进入风烛残年。生命在于运动，运动是健康之源，我决心要用运动的绿色疗法来对抗疾病的干扰，通过体育锻炼来获得健康。于是，我又开始了运动，刚开始跑步20分钟就感觉浑身无力，后来逐渐增加时间和强度，每周至少有4天进行有氧运动。也就在那时，我迷上打羽毛球。在羽毛球场地上，我挥汗如雨，用尽全身的力气击打每一个球，每一次击打都展现出我对健康的渴望和永不示弱的毅力。慢慢地，焦虑、失眠症状消失，我变得一身轻松。我酷爱阳光，喜爱夏天，我迎着炙热，迈着轻盈的步伐行走在阳光下，脸色透出健康的微红，内心充满着无比的欢畅。时间没有亏待我，3个月后，鼻炎不见了，就连顽固多年的赘肉也少了很多。

我深信，运动不会辜负每一滴汗水，只要你愿意坚持下去。

女儿，记得你上高一的时候，当时你们班上有迈克和博两位同学，这俩男生每天放学后去健身房苦练。起初博有些胖，再搭上他那双小眼睛，看起来总像没睡醒的样子。后来博整个人瘦了一大圈，眼睛也显得大而有神韵，展现出热血澎湃的精神状态。那时候你们还调侃说，他是失恋啦还是暗恋啦，为啥这么苦练？还有迈克同学，他看起来比前些年也多了几分成熟，头发打理得很精神，格外增加了几分阳刚之气。他曾在 Facebook 上秀他锻炼成的一块块腹肌和线条清晰的马甲线。有一次，我遇见了迈克同学的妈妈，我说："你儿子个子长得真高，越长越帅气。"迈克妈妈说："我儿子每天放学都去健身，周末打篮球，个子已经长到 1.8 米。"

的确是这样，运动是塑形的绝好方法，它对每个人都是公平的，它奖赏每一位自律、勤奋的人。你上一届有位来自黎巴嫩的男生，他是学生会的成员，我忘记了他的名字。这个男孩的爸爸经常和我一起打球。有一次，我走过去和他聊天，我说："你儿子是学生会的，学习成绩可真好，他每天放学后去哪个机构上课？"他说："我儿子每天下午 3 点钟到家，稍加休息，6 点钟准时来到健身房，7 点 30 分回到家开始学习一直到 12 点。他的生活很有规律，学习时很专注，不需要去机构补课。"后来他儿子收到 5 所名校的 offer，其中包括牛津大学、剑桥大学和麻省理工学院，最后他选择去麻省理工学院。很多实例足以证明运动不会影响学业，反而有助于集中注意力，增强记忆力，提高学习成绩。

运动是辛苦的，但收益是无穷的。爱上运动，健康和美丽一定爱上你。迷恋上运动，就注定你已站在胜利者的行列。女儿，我记得你曾练习过瑜伽，练得很刻苦，晚上时常会练习到很晚才回来。你的后背练得挺直，走起路来脚步是那么轻盈矫健。

你锻炼臂力，双手抡起几十千克的长绳子，一起一落、一起一落……"咔咔咔……"，声声有回音，甩得那么铿锵有力。我羡慕得瞠目结舌，自语道："好棒，速度好快，好酷！"你喜欢骑着那辆绿色的赛车，被车轮卷起的那股风飕飕的。你浑身充满力量，举手投足都是如此活力十足。

有人常说自己工作忙，没有时间运动；有人说我正年轻、身体棒棒的，不需要运动，还有人说等我老了再去运动。运动和年龄无关，有些年长者，他们按时休息，饮食有度，坚持散步、打太极等，所以依然精神矍铄鹤发童颜。而有的年轻人狠狠地糟蹋自己的身体，熬夜、吃不健康食品、手机控、以车代步，在身体机能正处于健康高峰时段，却患上很多疾病。虽说年轻是革命的本钱，但是不自律一定会自招病痛。所以，不要以忙找借口，时间就像是沾有水的海绵，挤一挤总会有的。再重要的事，在健康面前都是小事。健康是自己的，有了健康就有了一切，失去健康一切都无从谈起。

健康取决于自己的认知。那些认知固执的人，宁愿花费很多时间在医院里排队，宁愿吃药打针，也不愿意忍受运动的辛苦。他们宁可遭受疾病的折磨，也不愿意出现在运动场上，享受大汗淋漓的欢快。他们没有勇气为自己的人生做主，他们看轻生命，害怕吃苦，缺乏毅力。如果这样，在未来事业的道路上他们也很难做到披荆斩棘。

迈开腿，展开一段运动之旅，它能够帮助加速血液循环，促进脸部新陈代谢，让人由内而外散发出自然的美丽，让皮肤变得红润有光泽。运动让人乐观豁达，它是成本最低的纯天然美容品。不仅如此，运动被称为绿色的保健品，有百利而无一害。特别是女孩子在经期前，因雌激素和孕酮浓度的升高，情绪会受到波动，容易出现烦躁、注意力不集中等不同的心理或生理反应，通过运动可以改善激素变化的水平，有助于稳定情绪。在美国，很多女性为缓解经期前综合症，她们通过有氧运动来替代药物治疗，均收到很好的效果。

运动是对生活的热爱，是对生命的珍视。运动需要耐力和坚持下来的决心。刚开始运动一定很枯燥痛苦，这需要一个适应的过程。耐住性子从一点点开始，哪怕从做一个俯卧撑开始，从步行5千米开始，只要咬牙坚持，跨过去就是赢家。将运动写入日程表，每天按时去完成这项任务。即便你再忙，也要为这项低成本高收益的投资留出一隅之地，比如，将刷朋友圈的时间缩短半小时，将看抖音视频的时间减少半小时，将聊天的时间压缩半小时，在社交应酬中少坐半小时。坚持下来，你一定会遇到最漂亮、最健康、最有自信的那个最好的自己。请记住，运动使生命更美好！

祝天天快乐！

爱你的妈妈

07

好脾气＝好运气

亲爱的女儿：

当人的情绪产生波动时，便会忍不住地发脾气。脾气的好坏不是天生的，它是在后天受到情绪的影响慢慢养成的。脾气好的人，快乐多，福气多。脾气暴怒的人，发怒时，不仅会激怒对方，还会伤到自己，同时对免疫系统和心脏造成损害，甚至造成后悔莫及的后果。

我与母亲同住已有 20 多年，家里一直由母亲做饭。在母亲面前，我比较懒惰，依赖性强，只要母亲在家，我几乎是饭来张口。日复一日，年复一年，母亲一直固守着她那一套饮食方法。比如，汤泡米饭，我一直不赞成这种吃法。我认为米饭泡在汤里，这种吃法对胃的消化吸收有影响。2007 年母亲 67 岁，在 12 月的一个晚饭上，母亲又为我和女儿做了西红柿汤泡米饭。我和母亲说了两句，母亲即刻生气了，说："就你毛病多，我吃了一辈子也没吃坏胃。"我的怒火也一直往上冲，大声反驳道："您不能总是拿着您的吃法和现在比，您的胃没事也不能让孩子这么吃。"母亲看我这么大火气，脸气得通红，大声说："我走，我回老家，我一个人在那儿多好啊，和你在一起过得够够儿的。"随后，我和母亲各自回到自己的房间。

父亲生前是一位绅士、大度的人，对母亲可是百分百的体贴、谦让、包容，家里的小事情几乎由母亲决定。母亲很要强，起早贪黑为家操劳。母亲时常教育我们姊妹四人，要孝敬父母、尊重长辈，家长说的话就是指令。所以，我们姊妹谁也不和父母顶嘴。这一次，我忍不住发了脾气，多说了几句，本想着这事儿很快就会过去。可谁知道第二天吃过早饭，母亲从房间里拿出一个背包放到门口，边换鞋边说："我回老家住一段时间。"一听到这儿，我的脑袋嗡了一下，心里很不愿意让母亲离开，本想去阻拦又碍于脸面，还没想好怎么说，只听见屋门"咣"一声，母亲下了楼。我一愣神儿随即来到阳台向楼下看，只见母亲右肩上背个包，右手搭在包带子上，摇摆着朝着小区北门口走去。我愣在那儿，看着母亲那瘦弱苍老的背影、蹒跚的步伐，这一画面刺痛了我。瞬间，我像丢了魂儿，脑袋空白，一下子倚靠在墙上，眼泪止不住地顺着脸颊往下流淌。我后悔万分，不停地责怪自己，因为我的坏脾气让母亲伤心难过。我后悔没有拉住母亲，后悔没有和母亲说句好听的话。到了晚上，我给母亲打电话，母亲说已经来到王姨家。王姨是母亲的老同事，也是老闺蜜。在母亲离开的三天里，我总是想象着母亲坐在大客车上，时不时地用那双僵硬、青筋暴露的双手擦拭着布满皱纹的眼角上的泪水……

我痛恨自己，为自己的冲动深感懊悔。第四天，天刚亮，我便早早地出发，开车接回母亲。正赶上前几天刚下过雪，高速路上还没有被清扫干净，路面经过车的碾压后，格外湿滑。我小心地驾着车，来到王姨家已是中午，囫囵地吃了一盘饺子后，我便马上起身带着母亲赶路。回来的路上，母亲坐在后排，眼睛一直盯着前方的路。车速很慢，只能控制在50 千米／小时，有几次急踩刹车，车身倒转了圈儿，甚是危险。幸好因道路湿滑，路上的车很少。总算一路顺利，回到家已是晚上 9 点，而我的心里也像是块落地的一石头，总算踏实下来。尽管这件事已过去很多年，每一次想到因我的多嘴，发脾气，让年迈的老母亲伤心难过，我的内心好像是被狠狠地抽打过一样疼痛，我心想，活该，再抽几鞭子。

哎，我的嘴呀，只记吃不记打，又惹怒了母亲。那是晚上八点多，天已黑，因为一点琐事我和母亲又顶了嘴。母亲伤心难过，出门打车去了哥哥家。这段路程打车要半小时，哥哥家住三楼，楼道里的声控灯反应不灵敏。母亲一手扶着楼道扶手，一阶一阶地摸黑儿来到三楼，敲开了哥哥家的门，可想而知这一路上母亲落了多少泪，擦拭了多少次眼角。都是因为我不长记性，忍不住性子，让母亲这颗受伤的心反反复复地缝缝补补。我悔之晚矣，不知道，怎样才能唤回曾经的那个时刻。倘若苍天听到我的心声能够恩惠于我，让我重新来一次，我一定会对母亲千依百顺，俯首帖耳。

我深深体会到，发脾气是最愚蠢的行为，损人不利己。发脾气时人会丧失自我、智商为零，问题得不到解决，反而激化矛盾。发脾气就像是手握一把出鞘的剑，具有很强的危害性，它会伤害亲情破坏爱情，还可能会斩断一桩好婚姻，丢失一份好工作……

再后来，我学会了换位思考，学会了接纳。每当母亲再

端起这一汤一饭的时候，我暗想，母亲喜欢这样吃自有她的道理，每个人都有自己的喜好，我要尊重每个人的生活方式，不去改变他人，努力掌控好自己的坏情绪。逐渐地，我改变了自己，每天心气平和，看花是花，见水是水，不经意间吸引来了很多的好运气，遇见了很多好人好事，当然福气也开始越来越丰厚。

祝好！

爱你的妈妈

08

吃得了苦，守得住福

亲爱的女儿：

人是先苦才有甜，先舍才有得。学会吃苦耐劳，才能品尝到成功的甘甜。我的母亲，你的外婆，生于山东省诸城市岔道口村，她有一个姐姐、两个弟弟。当时因家里贫困，为供养俩弟弟读书，母亲读到小学四年级的时候，不得不退学回家，做起家务农活。母亲细高个子，腰板挺直，梳着两条长长的辫子，非常热爱学习。辍学后，仍然对学习充满渴望，每天晚上抱着幼小的弟弟去夜校的窗户底下听老师讲课。后来母亲进入村里的棉花厂上班，那时母亲只有 14 岁。在车间里，每位工人看管一台机器，母亲同时能看管两台机器，每天工作到半夜。晚上 6 点左右，我的外公趁着母亲休息时来为母亲送饭。因工作时间过长，母亲经常累得疲惫不堪，休息时会蜷在棉花包里睡着了。外公再掀开棉花包,将母亲唤醒。为了提神,母亲从那时学会了吸烟。

母亲在棉花厂的车间里干了 3 年后,县里要在村头的西侧建一座发电站,这座发电站不算男工,光是女工就有 800 人。村里每户人家都要派出一个人无偿地支援电站建设。母亲为了不让外公去受累,她一人来到工地,担当起义务工。

年纪轻轻的母亲为人坦诚,干起活来一副男儿身。别人一次搬 3 块砖,母亲一次搬 4 块;别人磨磨蹭蹭,母亲手脚麻利。母亲的勤劳和诚实品质得到工地领导们的认可,当选为 800 女工的领头人。修建电站需要先搭建一座几百平方米的厂房,再从厂房内的地面向地下深挖十几米深,直到挖出水。然后在水里放置两个磨盘,将电线捆绑在磨盘两侧的手柄上,让水的流动带动磨盘旋转,通过摩擦起电原理,将电流传输出去。四周还要用砖和石头垒砌牢固,避免泥沙混入水流中。当时工地上物料紧缺,母亲就和女工们去附近的墓地,将砌坟墓的砖扒下来,再运到电站工地。

经过两年多的艰苦奋战,新建设的电站从地面高高崛起。母亲的工作得到充分认可,在电站侧面的墙上,垒砌了一块正方形石头，石头上面清晰地刻有母亲的名字——夏秀英。
电站正式发电那天，选择在 3 月 8 日。当天县、乡、村的许
多领导都到现场剪彩。母亲站在高高的台子上，左手与妇联
主席郭女士手拉着手，右手自豪地按下了发电机启动的按钮。
表彰大会上，郭女士将唯一的一等奖郑重地颁给母亲，奖品
是一个脸盆，一条毛巾，一双袜子。此后，母亲被县里列为
重点培养的党员发展对象。

到了 1958 年，东北经济发展需要引进人员，通化钢铁
厂来山东招聘一批人员。招聘对象要求家庭成分好，有文化，
品行好。母亲具备很强的工作能力，曾为家乡做过贡献。虽
然只上了 3、4 年学，在那个年代读书的人很少，母亲已经
算是有文化的了，她主动地报了名。报名的人数很多，最后
被录用的只有 15 人，其中包括母亲。就这样，母亲 19 岁就
来到了东北，成为一名正式的钢厂职工。进厂以后，母亲被
安排到食堂工作。

不愁吃饭的日子没过多长时间，钢厂停工，将职工分派
到各地。母亲被分配到长白山脚下的一个林场的食堂工作。
当时食堂的工作不是一项技能工种，它是厂里面挣钱最少的
部门，每月只有 20 多元。当时，挣钱最多的是那些到山里砍

树伐木的男职工,他们的基本工资加上绩效每月能挣得40多元。母亲为了多挣点钱,主动申请到山里面砍树。冬天,山里的气温达到零下40多度,大雪没过腰部,母亲的两个颧骨冻出了两个窝,顺着窝向下流脓。夏季,山里的蚊虫叮咬在脸上,大大小小的包痒得让人难以忍受,有时一不小心还会踩到虫子、蛇。宿舍里的环境更是简陋,冬季,一铺火炕的旁边有一个火炉子用来取暖。由于宿舍地势低,夏季,每逢下雨屋里地面积满了水。与母亲一同去工作的其他女工因受不了如此这般恶劣的环境,纷纷向厂里提出辞职,各自回了家,最后女工中只剩下母亲和另外一人。母亲任劳任怨,被厂里评定为可以领二级工资,每月能多拿到6元的等级奖,母亲每月只留5元钱,剩余的全部寄给外婆。

后来母亲与同厂的父亲成了家有了孩子,母亲考虑多挣些钱以贴补家用,于是申请到树苗地干活儿。林业厂子是以经营树木为主,每年春天播种树苗,夏天浇灌,秋天树苗长高到十几公分的时候连根拔出来,储存在阴凉的仓库里,等冬天进行挑选,通过这四个季节的交替来进行树苗培育这道工序。这个部门的员工由厂子雇佣不属于正式编制的人员有一百多人,由于以身作则和勤勤恳恳,母亲被任命为这些人员的带头人。

　　很快，我们姊妹 4 个已经长大，读书和其他用钱的地方越来越多，父亲和母亲两人除了固定的工资，也没有其他的经济来源。于是母亲申请去装卸车，这是厂里挣钱最多的一项苦力活，每月能挣到 200 多元。每辆车有 4 个装卸工，母亲跟的那辆车，车牌号是 512，主要以装卸煤、搬运木头为主。装木头的时候，先将木头滚到车旁边的翘板上，再从翘板咕噜到车上。有时候需要人工扛，中间一根杠子搭在两边各一人的肩上，前面两人后面两人，一步一步地扛到车旁边的翘板上。卸车的时候，木头两边各一人，推着木头从车上往车下咕噜。运煤的时候，用很大的铁锹一锹一锹地往车上扔。一干就是 4 年半。1983 年，母亲 43 岁，正式申请退了休。时至今日母亲时常自豪地说："我每月的退休金比其他人高出 6 元钱。"

　　在那艰苦的岁月，母亲经历的苦难是不言而喻的。母亲凭着一身过硬的骨头，绝不屈服的精神，竭尽全力从雪虐残风中站了起来，才换来今日的幸福与自豪。孩子，妈妈想说，一个人不要在奋斗的年纪而选择了平庸，不要在放飞梦想的时代选择了安逸。舍得狠狠逼自己一把，扎下身沉下心，不怕吃苦敢于奋斗。吃多少苦就享多大的福，人人如此，无一例外。

　　吃得苦中苦，方有甜中甜。倘若吃得了学习的苦，日后一定能品尝学业有成的甜；倘若吃得了工作的苦，就会乐享物质、经济带来的自由；倘若吃得了运动的苦，当然是乐游世界，畅游人生。

　　人生没有白吃的苦，也没有白走的路，所有的经历都是日后的宝贵财富。更何况吃点苦又能算得了什么呢？比起前辈们付出的苦，这只是一丝一毫。

　　岁月如梭，转瞬间几十个春秋便悄悄溜走。不要在未来的某一天，回想起曾经虚度的时光，曾经的碌碌无为，而心留遗憾。到那时恐怕很难再有条件和机会重来。珍惜光阴，守护好年华，不贪图睡懒觉，不追求美味的享受，不去无休止玩乐。在经历了一番艰苦磨炼和洒下辛勤的汗水以后，你一定会像凌寒独放的梅花，傲然挺立，发着幽幽的香气。

　　祝天天愉快！

爱你的妈妈

开放的萱草花饱含着
母女情深与彼此深深的祝福！

09

拥有一份自己的工作

亲爱的女儿：

　　每个人都是独立的个体。说到独立，首先是确保经济独立，才能再去谈精神独立。经济独立是依靠自己的双手工作，获得的经济收入来养活自己，不依赖于他人的供给和帮助，这样才是独立的基础。我希望你要有一份属于自己的工作，它是一份自信，是一种生存的保障。工作和生活并不冲突，两者应兼而有之。通过工作实现个人价值，从生活中享受工作带来的收益。

　　俗话说："爹有娘有不如自己有，老公有还隔双手。"这话说得开门见山，父母和老公是天，天上不会掉馅饼，靠谁也不如靠自己。只有靠着自己的双手种好自己的田，收自己的果，那样的日子过得有底气，有滋有味儿。

前些天，朋友讲了一件事。有一女孩叫阿丽，阿丽结婚前男方首付 28 万元购置婚房，阿丽父母出了 15 万元用来装修和置办家具家电。结婚后，小夫妻共同养家。2 年后孩子出生了。因为双方老人都在老家，为了照顾孩子，阿丽只能辞职做起全职太太。阿丽比较娇气，经常抱怨一个人又带孩子又做家务，也没个人手帮忙。男方在一家房产中介公司做销售员，工作压力很大，工资也是随着绩效走。在疫情期间，房产中介生意萧条。男方一人挣的工资每月除了偿还房贷和日常生活开销外，几乎所剩无几，有时还要向父母借一些。阿丽哀叹日子过得苦，男方工作压力大，最后闹到了离婚。房子是男方婚前财产，与阿丽无关。阿丽说，是我们一起还的房贷。律师说，你能拿出一起还贷的证据吗？阿丽说，孩子是我一手带大的，理应归我。律师说，孩子跟谁是看谁更有利于孩子的成长，你没房、没收入、没工作，孩子跟你不利于成长。结果阿丽落得一无所有。

想到此，我感慨万千，我想年轻人应做好选择，在一边照顾孩子的同时，一边也要兼顾好自己的事业。当孩子到了上幼儿园的年龄，女人就应去上班。也许她会说，这样太辛苦。的确很辛苦，但是日后它能带来更多的甜，能带动人成长。

在 20 世纪 90 年代末期，很多棉纺厂因效益不好大量缩减员工。我的朋友老刘，前几年和你们一起去成都玩儿的那位阿姨，她曾是厂里的出纳员，也是被裁减掉的一员。她的老公戴个眼镜，长得文质彬彬，一表人才，在一家国企负责材料质检工作，官职不大，属于实权派。老刘下岗后，一直闲在家里。逐渐地，老公心生冷意，言外之意是觉得老婆没有工作，看看人家那些年轻漂亮的女同事，越看越觉得老婆配不上自己。于是，对待老婆的态度大转弯，一副嫌弃的样子，说话带刺，两人吵架成了家常便饭。老婆出门了，老公还要把窗户推开冲着走到楼下的老婆大声喊，刘××，你他妈的怎么就不能和我离婚呢？老刘咬着牙流着泪，去民政局办理了离婚。回到家后，老刘披头散发在家哭了三天三夜。第四天，她吃过饭，经过一番洗漱打扮，来到工商局注册了一个经营化妆品的小商店。从此一个人带着刚入小学的儿子，既当爹又当妈，一边用心地培养孩子，一边经营着自己的小店。老刘聪明伶俐，慢慢地，生意从小店扩展到批发，专门为各个美容院供货。商店经营的商品也从几十种，后来增加到几百种。老刘就是这样在遭遇了心灵的灼伤后，靠着自己的勤奋品尝着自酿的甘甜美酒，再搭配那自种的果实，香香的，甜甜的。如今的她，时常游走于世界各地，开着喜欢的车，住着中意的房，谈得来的朋友遍及四面八方。其间，她前夫多次借着来看儿子的机会，冲着老刘满脸堆笑，笑得那么猥琐，以致眼角的皱纹成堆，像个嬉皮狗一样。再后来，他被老刘拒之门外。

落笔之际，我内心如针扎般刺痛。眼前浮现出当年我与老刘对坐在咖啡店的那一幕。她一只脚放在地上，另一只脱掉鞋子的脚搭在长条椅子上，慢条斯理地讲起这段往事时，她的眼睛里透露出失落与伤感，不免让人心疼。当时我听得两眼发直，哽咽地咽了咽嗓子。此时此刻我幻想着她和我又一次同坐在那间咖啡店，还是那张桌子旁，我会拥抱她并拍拍她的肩膀，告诉她，"你是一位了不起的女神！"

如今，很多热播电视剧，也同样反映生活中真实的故事。无论在哪部剧中，那些经济不独立的人，她们的遭遇几乎是一样的。热度较高的《我的前半生》，主人公罗子君（马伊琍饰），算得上是年轻漂亮温柔细腻，自以为嫁给高收入的丈夫，可以过高枕无忧、乐享富贵的"闲"妻生活，还给自己戴上"全职相夫教子"的帽子。她把所有的筹码都放在丈夫身上，过度地依附。自己除了保养皮肤就是讲究名牌，外表装扮得漂亮华贵，不求上进，脑袋空空。最终丈夫与职场中的女同事走到了一起。究其原因，是男方薄情寡义，还是女方过于庸俗？其实，两者都有问题。当女方的思想没有了深度，只剩下唠叨和依附时，会让男方觉得乏味。

同时，当男方没有了基本的道德底线，身价自会被贬低。从此，两人不在同一水平线上，自然会拉开距离。既然如此，没有必要去纠结谁是谁非，也不用去指责谁，再多的抱怨都是对生命的浪费。聪明的女人应将宝贵的时间和精力节省下来，去提升自己，强大自己，流自己的汗，吃自己的饭。全力以赴，生活定会丰富多彩。

时光如飘荡的云彩，来无声，去无形，一岁一岁，毫无声息。在我的人生之路上，我从未停止过工作，从未对自己放纵过，也不曾矫情，更不敢去娇气。在一个人打拼事业的路上，虽然没有赚得盆满钵满，但是我始终对事业充满着无限的热情。我不仅体会到生命的意义，工作还带给我更多的快乐和自由。我设想在未来的路上，不管是70岁还是80岁，我仍然会继续在这条快乐的道路上前行。因为我尝到了工作带给我的益处，它开阔了我的眼界，提升了思想。不会像有的人，既不工作、不上进，又自恃功劳、苦劳，始终守着那份世俗的思想和老套的观念，自艾自怨。我认识的那个阿琴，她年轻时和老公同住在一个村子里，老公在村里修电话线，阿琴是供销社的售货员。后来老公被调到镇上工作，再后来进入到小县城的公司升职为一名小主任。随着老公工作的调动，阿琴只好辞去工作，和老公一同进城住上楼房。老公在外面忙着升职发财，阿琴乐颠颠地照顾家庭，每天下午去麻将室打牌。长此以往，两人沟通出现了障碍，也没有了共同的话题。老公最常说的一句话就是，"我和你说话太费劲了。"再后来，老公养很多鸽子，为看管鸽子，一个人搬到另一间平房里。两人日子过得半死不活，离不了，也过不好。

说真的，两人最远的距离不是天各一方，而是他就在对面，你却觉得他离你很远。

人啊，不管是贫穷还是富有，都应舍得把自己投放于社会中，与社会接轨，与时代同步，有助于与家人的和谐共处。尤其是夫妻之间，靠的是思想的旗鼓相当，精神的平分秋色。如果一个女人思想落伍，观念不能跟着时代的发展而随时更新，再加之长期不工作，在家不读书不学习，逐渐地会变得目光短浅，思想观念守旧。而男人随着阅历的增长，在职场的价值也随之提升，会变得思想活跃观念超前，为人处世也圆滑，很接地气。妻子一方停步不前，丈夫一方进步太快，两人的三观自然而然会拉开距离。

我的女儿，作为一名新时代的女性，要有经济独立的觉悟，有丰富知识的储备，有不断精进的行动，有深度的思想，这般迷人的魅力，就像是一块磁铁，牢牢地吸住幸福。

晚安！

爱你的妈妈

10

今天你微笑了吗?

亲爱的女儿:

曾经无数次被你那甜甜的笑容所感染。我相信微笑让你我的一天过得很快乐,为你的一生带来自信。一个漂亮的女孩子,她不需要厚厚粉底的涂抹,也不用黑黑的眼线的勾勒,她脸上绽放的笑容便是最美丽的。微笑是愉悦心情的流露,是对生活满足的释放。微笑是每个人独有的特权,是不用花钱,就能获得幸福的最简单、最长久的方式。微笑的女孩子,她一定是眼中有风景,心中有阳光,对生活充满热爱,具有积极乐观的优良品质。

早上 8 点钟是交通早高峰的时段,尤其在地铁通道上,过往的人摩肩接踵,拥挤不堪。突然有一位 30 岁左右的男士手捂着肚子，脸色苍白站在那里浑身发抖。路过的人们看到这位男士，好像遇到了瘟神，各自躲得远远的，生怕牵连自己，就连值勤的保安也假装没看见，趁此溜之大吉。就在这时，一个女孩子，毫不犹豫地走过去搀扶着他一小步一小步地挪到墙边，问道："你怎么了？"男士声音颤抖着说："没事儿，大肠出血，老毛病犯了。"女孩子急忙拨打了120，又跑着买来一瓶水放到他的手里。一切安顿妥当，女孩子默默地奔向上班的方向。当天晚上沈阳的"大海热线"节目播放了一位穿着黑色羽绒服的女孩子的背影，在地铁站见义勇为帮助了一位突发疾病的患者。不幸的是，这位患者被120送到医院后抢救无效死亡。此时，正坐在屏幕前的母亲也看到这熟悉的背影。时至今日，也没人知道这位不留姓名的美丽天使正是我的女儿。

微笑的女孩是爱心满满的。她善待每一个小动物，她能在人来人往的大街上停下脚步，将被车碰伤的小动物放到路边的角落；她将折断了翅膀的小燕子带回家中，精心为其包扎和敷药；她会在严寒酷暑的每个晚上为园区无家可归的小猫送食物、送被子，为它们制作猫房子。她的片片爱心，缕缕深情，让周围的人如沐春风，暖意融融。这样的女孩，谁能不动心？

人们常说，微笑的女孩运气不会太差。换句话说，运气差的人笑不出来。如果一个人整天拉着一副苦瓜脸、苦大仇深的样子，那么她一定不快乐、不幸福，还可能不健康、不长寿。微笑具有很强的感染力，好像是物理学中所说的力的平衡，你收到的态度，正是你对他人的态度。我们可能都有过这样的经历。当去某个餐厅或商场购物时，如果服务员没有一丝笑容，皱着眉头拉着个脸，好像谁欠他钱似的，本来去餐厅、购物的好心情会被一扫而光。

《塔木德》中说："生物中只有人会笑，而越贤明的人越会笑。"古希腊哲学家苏格拉底曾说，"在世界上，我们除了空气、阳光、水和微笑，我们还需要什么呢？"的确，微笑如甜甜的雨露，能融化冰霜，化解心头的不快，它是人类最悦耳的语言。

有一次，因为你晚间吃食物和睡觉晚的坏习惯我批评了你，不可否认我的语气和言辞偏重，你生气地噘起嘴巴回到房间。接下来两天你没有见我，也没和家人一起吃晚餐，只是偶尔过去和猫说话，逗狗狗玩儿。第三天，我走到你房间推开门，你嬉皮笑脸地问道："嘎哈？"随后自己咯咯地冲着我乐。我若无其事地笑着说："我咋两天没看见你呢？"

顷刻间，房间里宛如透进一缕阳光，像一束闪亮的金线照在身上，暖暖的，又好像投射进来一股爱意，烘得脸热乎乎的。

微笑是内心深处的乐观、明亮、宽容大度的自然流露，也是知足心的反射。它不是挂在脸上的一种装饰，也不是肌肉无意识的运动，更不是为了社交目的去假笑。不像是有的人看见要讨好的强者满脸堆笑，见到贫困的弱者就嘲笑。这样的人，当他们摘下面具就会暴露出虚假的真面目。我曾看过一本杂志，内页里面有一张格外醒目的怒不可遏的一张脸部的图片，我瞬间被它吸引，仔细阅读，才知道原来这张脸是美国一位珠光宝气、穿着昂贵婚纱的新娘，在婚礼现场时被拍下的照片。新郎是美国一小镇上一位很出色的企业老板。婚礼当天，他们邀请了很多成功人士前来贺宴，新娘一直是笑容满面殷勤地与嘉宾打着招呼，服务员也忙得不亦乐乎。有位年轻的男服务员端着盛有半杯红酒的酒盘，在为新娘送上酒时，不小心将酒杯碰倒，红酒洒到价格不菲的婚纱上。新娘当时怒目而视，不停地责怪这位服务员。于是这张怒气冲天的图片被刊登在杂志上。

我常听人说，我的日子过得不顺心，乐不出来。其实生活本如此，不如意事十之八九，不要因为不顺心就紧锁眉头，让美好的一天生活在郁郁寡欢中，这样一生都会愁眉不展。苦着脸过也是一天，高兴过也是一天，何不抛掉不如意，只想着那满意的二和三呢？舒展内心，带上暖人心扉的微笑，就是自己最好的风水，是最快乐的生活状态。它不是一时的快乐，而是一生的姿态。

再叙！

爱你的妈妈

Ⅱ

做一朵守信用的灿烂小花儿

亲爱的女儿：

你可能听说过这则故事，早些年，尼泊尔一侧的喜马拉雅山很少有外国人涉足。后来，许多日本人来这里观光旅游。据说这源于当地一个少年的诚实守信。一天，几位日本摄影师请当地一位少年代买啤酒，这位少年跑了三个多小时买回了啤酒。第二天，那个少年又自告奋勇地再替他们买啤酒。这次摄影师给了他很多钱，但是直到第三天下午那个少年还没有回来。于是，摄影师们纷纷议论，都认为那个少年把钱骗跑了。第三天夜里，那个少年却敲开了摄影师的门。原来，他刚开始只购得四瓶啤酒。尔后，他又翻了一座山，趟过了一条河才买到另外六瓶啤酒。返回时摔坏了三瓶。他哭着拿回碎瓶玻璃，向摄影师交回剩下的钱，在场的人无不动容。

这个故事使许多人深受感动。后来，到这儿的游客越来越多。

的确，好的信用，是没有国界的。你对他人讲诚信守信用，会博得他人的尊重。当你遇到困难时，他人自然愿意帮助你。而那些夸大其词、心口不一的人，可称之为"愚者"，其实他比傻瓜还愚蠢，他的自作聪明等于飞蛾扑火，自投罗网。

很多年前的一个冬天，我背起双肩包，拖着行李箱第一次来到英国。飞机落在 Gatwick（盖特威克）机场。我走出了安检口来到巴士导引台，询问去伦敦市中心的大巴在几号站台。随后我按照导引台人员指示的方向上了大巴车。晚上五点钟的伦敦，虽说气候比不上地中海气候那般的湿润，但也不是很生硬干冷，感觉柔柔的，很温和。我坐在大巴车的窗边，观赏着马路两旁一幢紧挨着一幢带有小铅窗和尖尖屋顶的砖红色百年建筑，内心不禁默默地赞叹。大巴车走走停停，很快到达了 Westminster（威斯敏斯特）站点。我下了车按照预订酒店的地址，走了十几分钟来到一条繁华热闹的街上。街的两侧有很多带有"×××hotel"（××× 酒店）牌匾的酒店，我推门走进预订的酒店，离门口两米处有一张桌子，上面摆放着一个"receptions"（前台）的小牌子。一位 40 岁左右的黑人男服务员站在桌子里面，正说着地道的英语为前面的两位顾客发门卡和介绍住宿须知。服务员后面的墙上挂着一个很醒目的价格表，写着：

单床：40磅（不含早餐）

单人房间：60磅（不含早餐）

双人房间：90磅（含早餐）

家庭房间：110磅（含早餐）

很快轮到我。我来到桌子前说："你好，我在这里预订了房间。"男服务员说："你好女士，请出示你的护照。"服务员在电脑上做了登记后，顺手递给我一张门卡。我看了一眼装有门卡纸袋上面写的号码，问道："请问去房间怎么走？"他说："女士，出去这个门，马路对面有一个玻璃门，你进去后顺着台阶向下走到头，再向右转，就能看见房间。"于是，我过了马路，推开玻璃门走下台阶，向右转经过三个房间就到头儿了，又向左走到第二个房间。我用门卡刷开门，天！这房间大概只有六七平方米，没有窗户。靠门口有一个立柱洗手盆，洗手盆对面靠墙边有一张比单人床略宽一点的床，没有床头，床尾旁边有一个淋浴玻璃屏，玻璃屏里面有一个马桶。虽然之前不止一次听人说，伦敦消费太高了，真是去不起，但我还是被眼前的景象惊呆了。我心想，这一晚90磅的费用只能住地下室吗？这个地方安静得像个黑地道，真有个意外，叫天不灵喊地不应，想逃都难。我越想越胆战心惊，于是拖着行李箱快步走出门直接来到前台，说道："这个房间我不喜欢，能帮我调换一个不是地下室的房间吗？"男服务员说："你需要联系预订此房间的中介。"我随即拨通中介女老板的电话，对方无人接听。我知道，塞浦路斯人只有销售行业的人员在下班后，或者周末接听电话。除此之外，不是工作时间，他们几乎不给对方打电话，也不会接听来电。我随即又发了邮件，等了一小会儿，也没有收到回复。我没有再和服务员多说，便走出了酒店。

我看到前面不远处有一个写有"XXX hotel"的相对较大的牌子。我来到门前，透过玻璃门看见里面很干净。我来到前台，一位白人男服务员站了起来，他的侧面放着好几排监控屏幕。我问道："你好，请问有房间吗？"他回答："你是要单人房间还是双人房间？"我说："要一个双人房间，大床的。"他查看了一下电脑告诉我还有房间。我说："可以先看看房间吗？"服务员带我看了两个房间后，我挑选了前台正对面的一间房住了下来。安顿好后，已是晚上10点多。我是人困马乏，吃了个面包就睡了。第二天早上我来到早餐厅，餐厅在地下室，装饰得像家一样，很温馨，摆设得也很讲究。我心想，伦敦市中心真是寸土寸金的地方啊，连地下室都安排得满满当当。吃过早餐我退了房间，直接去了巴斯小镇。

一周后，我回到塞浦路斯来到中介女老板的门店里。因为前几年我们经常到她的店里预订机票、酒店，这位女老板见到我们来，都会很热情地聊几句。她和以前一样，笑着问我在英国玩得咋样。我说："上次你帮我预订的酒店是地下室，没有窗户，我没办法入住，我也没有住在那里，请你联系酒店将房款退还给我。"女老板听后脸上顿时没了笑意，略显得有些尴尬，想说啥但是又没说，一切尽在不言中。她眼神移向电脑屏幕，说道："好的，杨，我联系一下酒店。"说完从抽屉里取出现金支票，填写了450磅递给我。事情的原委已经很清楚了，最初女老板说距离威斯敏斯特学校最近的酒店只有这一个，酒店环境很好，每晚价格是90磅，不包含早餐。我预订了5天，付给她450磅。但实际上她付给酒店的钱却是价格最低的每晚40磅的房间。这件事过去以后，我没再去过中介女老板的门店。说到这，让我想起诗人海涅曾说过："生命不可能从谎言中开出灿烂的鲜花。"的确如此，无论它是恶意的还是善意的，终有被揭开面纱的那一刻。而那一刻，正是宣告将失去一切美好东西的判决书。

　　还记得吗？那次我们两人从帕福斯机场出发去英国 Warminster school（沃敏斯特）学校参观。经过 5 个小时的飞行，下午 3:30 顺利抵达 Heathrow（希斯罗）机场。过了安检我俩从机场乘坐火车到达 Waterloo（沃特卢）火车站，再从沃特卢到达沃敏斯特小镇。火车是晚上 5:30 从沃特卢出发，7:12 到达 Salisbury（索尔兹伯里），再换乘另一列火车，7:18 分从索尔兹伯里出发，7:38 到达目的地。即：

　　5:30 — 7:12 从沃特格卢到索尔兹伯里

　　7:18 — 7:38 从索尔兹伯里到沃敏斯特

　　这是那天由北向西南方向的最后一趟火车。这趟火车到达每一个小站停留时间只有两三分钟，上车的乘客几乎没有行李箱。有人推着自行车，将车子放到车厢门口；有人手提一个公文包，女孩子也只是斜挎个小包。我心想，这趟火车可能是上下班人员的通勤车。火车越走越远，天也越来越黑，人们陆续地下车，而上车的乘客越来越少。火车正常到达索尔兹伯里的时间是 7:12 分，不知什么原因火车晚到了两分钟，此时已是 7:14 分。我们俩各自拖着一个又大又重的行李箱快速下了火车，跑了七八米后，双手用力地拎起行李箱，侧着身子快步地下了十几层台阶，又一层一层地上了十几层台阶。我走在前面时不时地回头说："宝宝，快点儿，来不及了。"

你当时穿着浅绿色带有小熊图案的薄棉袄、浅蓝色牛仔裤和白色旅游鞋，小脸蛋儿绷得紧紧的，已经累得气喘吁吁，很吃力地往前移着脚步。我俩刚来到站台，火车正从我们眼前驶出。我们两人目瞪口呆，傻傻地愣在那里一动不动，目送着火车离开。此时站台上除了火车留下的呼啸回音，剩下的只有我们两个人。

这时，一位穿着车站制服、手拿对讲机的工作人员走过来，站在我们面前说："很抱歉，由于火车晚到达两分钟，没能让你们赶上最后一趟车，现在我安排一辆出租车将你们送到目的地。"我说："需要多长时间能到达沃敏斯特？出租车需要多少钱？"他说，大概需要半小时，不用担心，它是免费的。话音儿刚落他便拿出手机拨通了电话，随后一辆出租车开了过来。司机帮助我们将一个行李箱放到后备箱，另一个放到后排座位上。我坐在副驾驶，你坐在后排座位上，很快离开了车站。出租车司机开着照明远光，聚精会神地开着车，忽然头转向我说了一句："到达沃敏斯特，火车需要20多分钟，我开车可以抄近路，最多半小时就能到达。"我回复道："好的，谢谢你的帮助。"

天色已经黑得很彻底，在隐约发着微光的路灯下，我发现车子正穿过一个个小村子，行驶在狭窄的弯路上。此时，我的五脏六腑已紧紧地缩在一起。虽说只有20多分钟的车程，但每一分钟我都屏住呼吸，眼睛直盯着前方的路。毕竟眼前是一个陌生的地方和一位不知根底的司机。出了村口，继续沿小路而行，发现远处隐约闪露出微弱的光，循着光前行，终于看见不远处一片灯火明亮，紧接着车子停在我预订的酒店门口。我和你下了车，司机也跟去后备箱搬下行李箱，微笑着说："Have a great time（玩得愉快）"。随即他驾着车原路返回了。

我们一生中往往会因为一件事或某个人，恋上一个名字，爱上一座城市。本来我对索尔兹伯里这个名字没有一丝的印象，只因为这短暂的停留，只因为这里的人们守信用、重承诺，让我再也没有忘记过这个悦耳的名字。我从未再去过这个小镇，但是它的美丽真诚的画面已经刻在我的心里，挥之不去。

一个是动人暖心的故事，一个是冬日寒凉的经历，守信或失信，都会让人一生念念不忘。事情无关乎大小，一旦入了心，想忘记都难。遵守诺言是一个人的优秀品质，也是一个家庭、一个社会兴旺昌盛的精髓所在。人一旦失信，就如水中月镜中花，到头来只会落得一场空。他就像是褶皱了的白纸，再怎样抚平仍然会留有痕迹。他也好像是被污染后的水，再怎样澄清，还是会有杂质。信用是点点滴滴小事情的积累，是日复一日地坚守，它更是脆弱无比，往往花费了 3 年、5 年，乃至 30 年的时间积攒的信用，因一次、两次的投机取巧而失信。即便得到了原谅，下一次也很难再博得信赖。失足了可以重新站起来，失败了可以从头再来，失信了却很难再生存下去。坚持做一朵守信用的浪漫小花，以诚实的品质来点缀七彩年华，你的人生会更加轻松和美丽。

祝好！

爱你的妈妈

12

做一名最高级别的化妆师

亲爱的女儿：

爱美是女孩子的天性。一个人凝神地坐在镜子前，轻轻地将粉饰一层一层涂抹在脸上，看着美美的妆容，自己的心情也会美美哒。可是，有的女孩子将脸涂抹得像是挂在墙上一层又厚又腻的石膏，眼睫毛嫁接得黑长浓密，整个人看起来很妖艳，好像是正在台上唱戏的演员。其实漂亮并非如此，化妆也是很有讲究的。过度浓妆艳抹非但起不到美的效果，很容易掩盖了原本自然的美，结果适得其反。那么，究竟什么样的化妆才算是最高级别的化妆呢？林清玄先生曾拜访过一位资历深厚的化妆师。这位化妆师说，高级的化妆是自然，让人看起来好像没有化过妆一样，并且化出来的妆与主人的身份匹配，能自然表现出那个人的个性与气质。次级的化妆是把人突显出来，让她醒目，引起众人的注意。拙劣的化妆是一站出来别人就发现她化了很浓的妆，用这层妆来掩饰自己的缺点和年龄。最坏的一种化妆，是化过妆后失去了五官的协调，比如，小眼睛的人竟化了浓眉，大脸蛋的人竟化了白脸。可以用一句简单的话来概括：一流的化妆是生命的化妆，二流的化妆是精神的化妆，三流的化妆是脸上的化妆。

这位化妆师说的话让人无不钦佩。其实美不只是依靠化妆品的堆砌，它应是由内而外迸发出的精神面貌。良好的精神面貌，它取决于合理的睡眠时间和良好的睡眠质量。俗话说，"睡美人""美容觉"。睡得好皮肤自然好，好的皮肤一定是睡出来的。我们在晚上睡觉是深度睡眠，深度睡眠能够帮助分泌出大量的生长激素，对受损细胞的修复和促进再生长都有很大的帮助。尤其在晚上10点到凌晨两点是细胞新陈代谢最活跃，也是皮肤自身修复的最佳时段。这个时段睡得好，皮肤变得有弹性、有光泽。科学研究证明，夜间睡眠能够有效地消除疲劳恢复精力，大大提高免疫力。有专家称，夜间在肌肤的表面下，细胞能够进行修复、再生与重建活动，它的更新速度比白天速度快8倍，夜间皮肤对保养品的吸收效果也是白天的8倍。所以，夜间睡眠产生的效果是白天睡觉无法代替的。

也许你说，我的生物钟就是晚上睡不着白天睡不醒。生物钟不是固定不变的，它是自身长时间形成的作息习惯。年轻人并非属于入睡困难者，也并非失眠人群。戒掉不良的习惯不是很困难的事情，方法很多，比如，在睡前一两个小时不玩手机、不看其他电子产品，躺在床上闭目养神，静静地进入睡眠的状态。睡前阅读也是很好的方法，它有助于释放压力，身心放松，能引起入睡的感觉。好习惯坚持下来，让人看起来充满活力，神清气爽。相反，到了五更还在玩着刺激的游戏，看着令人兴奋的视频，在这种亢奋的状态下怎么能睡着呢？我曾体验过，熬夜会造成皮肤暗淡无光、干瘪，整个人看起来像是一颗缺乏营养的黄豆芽，就算涂抹再昂贵的化妆品也无法遮挡脸上的憔悴。就好比两个女孩，她们迎面而来，一个女孩腰身挺直、活力充盈，我们的眼前自然会一亮，情不自禁多看几眼，甚至走过去后还回头望着她的背影。而另一个人病恹恹的，双眼无神，气色苍白没有一丝红润，即使看得出来脸部的粉饰，还是缺少精气神做支撑。所以，女孩子美与不美，表现于外在的精神状态和内在修为，是由内到外的。

一个美的女孩子，也是内在修养的彰显。在她亲切的语言里，不带有任何的尖酸与讽刺；在她友善的眼神里不带有一丝的不屑与轻狂。她心地善良、尊重他人，这样的女孩子即使不化妆，也一定是慈眉善目、温婉贤淑，越看越亲切。

今年夏季，我和你去房产局办事，一同去的还有中介公司的两位阿姨。我和你手牵手站在前面低声聊天，我时不时地捋一捋你的头发，摸摸你的小耳朵。猛一回头看见中介阿姨眼睛正直直地盯着我俩。中介阿姨突然对我说："姐，我太羡慕你了，你女儿这么优秀，女儿是妈妈的小棉袄。"我回答说："孩子都是这样的。"阿姨说："都是孩子，区别咋这么大呢？几个月前我带一位女客户来房产局，这位客户真是可怜，她老公是公安局的，刚去世，有一处房子留给了女儿。她女儿正在英国读书，特意赶回来办理房产继承手续。她女儿穿着一身名牌，脸上化着妆，头发梳理得也很潮，一股洋气儿。客户一张嘴和女儿说话，她女儿就反驳，眼神充满戾气，一脸的嫌弃和高傲。"中介阿姨又接着说："这孩子还是留洋的呢，这书都白念了，一点儿教养也没有。"

俗话说，脾气不好是修炼不够，看别人不顺眼是胸怀不够。懂得感恩的人，心怀慈悲，自会温柔。这位女孩子傲慢无礼，即便她的打扮时尚，妆容用心，她的长相也一定是横眉冷目、面目狰狞，她的肤质也会越来越糟糕。曾有过一篇报道，当人产生负面情绪时，皮肤会随之有显著的变化，容易出现水分流失、斑点增多，极易降低免疫系统进而有损身体健康。

近几年随着科学美容技术的发展，很多医美项目推陈出新。不管多大年龄的女士，她们都倾向于通过医美技术让自己变得更加漂亮，就连20多岁如花似玉的女孩子，对各种新技术也跃跃欲试。医美确实能让一张大脸变成瘦脸，小眼睛变成大眼睛，黑皮肤变成白皮肤，只要你能想到的它都能做到。但并不能说医美适合于每个人，它是比较适合中年以上的女人。对于花季年龄的女孩子，无需再采用任何的人工技术，避免弄巧成拙；也根本不必追赶所谓的潮流，其实它根本不是潮流，而是花钱买难看。因为年轻的女孩子过早地干预皮肤，将各种注射剂注入皮肤里，那么在未来的几十年，真的担心原本漂亮的面貌会面目全非。媒体展示的往往是医美成功的案例，但也不乏存在医美后还不如从前那样漂亮的案例。遇到这种情况无论怎样后悔也找不回从前的自己。我曾看过相关帖子，女士在分享她们医美的经历，她们言之凿凿，真心地奉劝女人们尽量不要去采用人工技术，一旦涉足就很难停止，一旦停止皮肤会加倍糟糕。比如，注入玻尿酸能够加速改善皮肤，虽然玻尿酸可以被代谢掉，但是玻尿酸中有一种叫作"胶联剂"的物质不容易代谢，它会流到下巴旁边，造成脸部下垂。玻尿酸打得越多，残留的胶联剂就越多，脸部看起来很僵硬。一旦注入水光针，就要不停地注入，一旦停止，脸上会留有很多色斑，毛孔开始慢慢变得粗大。医美的确能够冻龄、减龄，但是任何事物都存在两面性，利与弊兼容，应谨慎为之。

爱美的女孩子不应在表皮上下功夫，真正的美是由内向外的自然美，它是修养和气质的流露。这份气质来源于读过的书和走过的路，它是腹中藏有诗书万卷的书香气，是言谈举止间流露出的雅致和祥和。这种气质是与众不同的。你会说："我刚读过书，第二天就忘记了，以前读过的书，现在一点儿印象都没有。"没关系，这是很正常的表现，每个人都有同样的体会。三毛曾说过，读书多了，容颜自然改变。许多时候自己可能以为看过的书籍都成为过眼云烟，不复记忆。其实它们都是潜在的，在气质里，在谈吐上，在胸襟的无涯，当然也显露在生活和文字中。

你可以体会到，当你遨游在书海里，书籍的浸润和滋养，就是一种神奇的化妆术，它能抹去脸上的肤浅和俗气，把你雕琢成一块精致的美玉。这种美能够跨越年龄的鸿沟，能够经得起时间的推敲。即便时光如梭，抑或是经历种种岁月的洗礼，你依然优雅从容、光彩照人。而不像现在有些令人"惊艳"的女孩，乍一见，一张漂亮的网红脸，再细看，眼睛里没内容，眼神空荡荡的。"粗缯大布裹天涯，腹有诗书气自华"。那位在《中国诗词大会》脱颖而出的女孩儿武亦姝，她素颜清雅，穿着普通，她习惯每天随身携带一本诗词集并反复熟读，最终成就了一种超凡脱俗的自信，令无数观众称赞不已。

好看的皮囊千篇一律，有趣的灵魂万里挑一。细心的化妆需要花费一两个小时，甚至更长时间。如果每天拿出一两个小时用在朗读、绘画、抄书等不同的项目上，你一定谈吐优雅、风度迷人，你就是艺术家，是最高级别的化妆师。

祝越来越漂亮！

爱你的妈妈

灿烂的萱草花，
吐露着芳芳馥郁。

13

不怕，一切都会好的！

亲爱的女儿：

　　从孩童时，你就有过这样的经历，当遇到困难还没等安静下来思考，就开始擦鼻子抹眼泪；遇到一点小事情失败了，就否定自己，怀疑自己的能力，认为自己哪方面都不行。女孩子的内心比较脆弱，我很能理解。可是生活于变化多端的世间，远不止眼前这些鸡毛蒜皮的小事情，还会遇到很多出其不意的致命伤。所以，未来的你不管发生什么，不管经历怎样的坎坷，只要保持一颗坚强的心，勇敢地向前走，一切都会越来越好。

　　下面这个故事中的主人公，经历一次次风雨洗礼的她，坚强地承受着生活中的一切，最终从一个淳朴的傻妞儿变成坚不可摧的女汉子。你可能会好奇这位主人公是谁，我习惯称呼她为糖姐，因为她的脸上总是洋溢着糖果一般的软糯。

糖姐人很朴实，心地善良。第一次谈恋爱像个初出茅庐的傻妞儿，根本不懂什么是爱情、什么是感情、什么是婚姻，碰到一个比自己年龄稍大一点的，嘴巴甜一点的男孩子就误以为是可以依靠的人。恋爱的第一年，男孩子对糖姐嘘寒问暖甚是关心。第二年，男方家长积极主动地提出让孩子早日结婚，理由是下一年是男孩子的本命年，根据当地习俗，本命年不利于人的运程，也不适合结婚。女方家长考虑到本命年的习俗，也听说男方家长为人实在，口碑不错，就举行了婚礼。婚后当年的冬季孩子出生了。婚后第三年，男方品行暴露，既不像妈也不像爹，不仅贪酒，几乎不醉不归，回到家后还借着酒劲儿找茬和糖姐吵架。婚后第四年，男方三番五次地纠缠单位一名未婚女同事，仰仗着父亲和兄长们的一点权势当作保护伞，为所欲为。

随着年龄的增长，经历了柴米油盐的日子，糖姐从单纯幼稚、爱掉眼泪的傻妞儿逐渐变成有主见的女人。她觉得与眼前的这个男人已不再有一丝丝的情感可言，更没有一丁点儿爱的残留，对于这个家她没有任何的眷恋。于是糖姐在父母的帮助下，向法院提交了离婚诉状。诉状写明：女方自愿提出离婚，女方自愿净身出户，不要一分家产，不要一分孩子的抚养费，女方只要孩子的抚养权。最后，法院判定婚姻解除。糖姐抱着孩子，背着几件衣服离开了那个家，就连结婚时自己父母借钱为糖姐买的家用电器等嫁妆都扔在了那个房子里。对于糖姐来说，只有孩子是自己的命根子，除此之外她不想带走一丝一毫的记忆。

糖姐带着孩子没有住房，没有工作，身无分文，只好低着头住回娘家。在那个年代，离婚是很丢脸的事，糖姐默默地吞咽着苦水。糖姐的父亲更是心疼女儿所遭遇的不幸，嘴上不说心里跟着上火，导致突发急性心肌梗死不幸离开了人世。这让糖姐无比地愧疚和懊悔，她不知道怎样能够弥补父亲所遭遇的痛苦，她心疼父亲带着未了的心事离开人世，从此这份痛心便深藏于她内心的深处。几十年已过去，糖姐从未联系过，也从未提及过那个男人，包括以后，永远、永远。

后来糖姐遇见一位忠厚老实的男士，两人情投意合，感情非常好，男士也很喜欢糖姐的孩子，于是两人举行了婚礼。婚后夫妻恩爱，小日子很幸福。两人从白手起家到有了自己的住房，有了小生意，还要了孩子。糖姐很珍惜这来之不易的家，她一直在尽力地维护着一家人齐齐整整。后来，糖姐丈夫在小生意雇用了一个比他年龄大四五岁的离婚女人，这个女人离婚时孩子给了男方，她一个人住。自从这个女人来到这打工，好像是井里的癞蛤蟆见到了外面的天，白天约糖姐的丈夫开车去周边玩儿，晚上留糖姐的丈夫在她家过夜。之前没坐过飞机，两人偷偷摸摸地坐飞机到处旅游，不知廉耻地用尽各种手段偷挖地沟夺人所爱。

刚开始，糖姐的丈夫以生意忙为理由，一天、两天不回家。后来一周不回家。再后来理由不找了，电话也不打了，将家当作旅店，来回凭心，去留随意。糖姐独自照顾家和孩子上下学，周末带孩子去补课班。孩子年龄小身体弱，每年冬天都会感冒发烧，糖姐和自己的母亲带孩子去医院，看完病再送孩子去学校。有时早上 6 点钟就要到医院排队，有时打完点滴很晚才回到家。这种状况持续了好几年。有一次，糖姐的母亲摔倒了，腰部骨头出现裂纹。糖姐将母亲接到家中，一个人带着母亲去医院做检查拍片子。医生说，患者年龄大了，很难再恢复，恐怕要一辈子卧床。糖姐拿着片子去了好几家有名气的医院，医生给出的结果是一致的。糖姐想到母亲无法站立的病况，心如刀绞，一边开着车往家走，一边忍不住泪流满面。

回到家赶紧做晚饭。这时丈夫回来了，进门时手里拎着一只烤鸭。糖姐说："你咋才回来呀？"丈夫眼睛瞪着糖姐说："我不是买烤鸭去了吗？"糖姐心里很清楚，他是故意找茬，吵架后顺势溜走。糖姐说："我也没让你买烤鸭呀。"丈夫将烤鸭狠狠地往地上一摔，随后扬长而去。糖姐含着泪忍着气捡起地上的烤鸭，继续忙乎着为母亲和孩子做晚饭。后来糖姐和丈夫离了婚。都说癞蛤蟆不咬人膈应人，事实上癞蛤蟆会从背地里狠狠地下口，将别人原本幸福、温馨的家庭咬得支离破碎、遍体鳞伤。

人活于世，还有什么比父亲的离世更让人悲痛的呢？还有什么比窃人之夫更让人痛恨的呢？糖姐遭受了一次又一次的切肤之痛，她独自捂着那颗流血的心，坚强地爬了起来，用积极乐观的生活态度将两个孩子培养成人，自己也修炼得完全看不出曾被生活碾压过的痕迹，她笑看云卷云舒，乐赏花开花落。其中不乏怎样的坚强，只有经历过的人才知道。

孩子，生活不是一帆风顺的，成长的道路上总会经历风雨的击打。不管路途怎样的坎坷艰难，不要怕，坚强向前走，时间会冲淡一切，一切都会变好的。假使有一天，你最亲近的人离世了，你一定会万分难过。要记住，谁也不可能成为谁的永恒，你要将眼泪化作坚强，将悲伤化成努力，努力让自己变得更加优秀，这样才是对亲人最大的慰藉。

当你与母体分开的那一刻，你就是一个独立的个体，你要学会独立地面对世界，敢于迎接困难。就像小时候你学走路一样，摔倒了，爬起来，让独立成为你最大的武器，让坚强成为坚硬的铠甲。当遇到真心爱你的人，祝贺你，你要加倍地付出真心地去爱他，爱着他的优点，也爱着他的缺点。爱不是靠着单方面的付出，它需要双方共同的努力。为了爱，你可以糊涂一时，装傻一辈子。对于无法改变的事，要视而不见听而不闻，只要让自己过好，便是最美的模样。

假如身边的人都离你远去，请你不要哭泣，不可以轻易地把自己看低，或丧失自信。眼泪换不来同情，只会让人格贬值、缩水。不要变得脆弱，脆弱给谁看？没有那么多人在意你，因为没有那么多感同身受。你要相信自己，鼓励自己，你有着自己的美丽，你的生命是为自己而绚烂多彩，即使无人欣赏，你依然散发着独有的芳香。

孩子，学会坚强、独立，不是让你强势得不可一世，更不是琢磨着去参与、吆喝，或控制别人，而是为了日后更加地随性、自由，去迎接前方更多的美好。

假如真的有一天，你无肩可倚，无枝可靠，不要怕，一切都会过去的。跌倒了自己爬起来，落泪了自己擦干，累了抱着自己休息。捱过这些不堪的岁月，你会更加坚强、有力量，就像重生后的鹰，张力十足飞向你向往的那座山。

祝周末愉快！

爱你的妈妈

14

让读书成为习惯

亲爱的女儿:

人有两种需求，一种是物质需求，一种是精神需求。随着经济水平的提高，如今的年轻一代，他们的优越感也随之倍增。再加之家长宠爱孩子们，吃、穿、住、行，样样给准备得周到齐全，让孩子们不用为一日三餐犯愁，也不用为生计所需去打拼。每天除了上班、吃喝、聚会，剩下的就是触屏，一晃一天就过去了。殊不知，过于安逸的生活状态，让他们逐渐丧失了上进心，精神世界一片荒芜。

养成读书的习惯，从书籍中充实内心，丰盈精神世界，让人的思想犹如插上翅膀一样飞跃向前。她总说："我要上班，要忙于家务琐事，哪有时间去读书？""我现在已经很好了，为啥还要读书？"没错，人们总是将时间用于自己喜欢的事情上，而忽略了去积累那些无形的资产。虽说读书不是唯一的成功之路，但是它一定能带来更多的生存机会，它能改变命运，而不是被迫谋生。

读书需要耐性。刚开始读书可能会三分钟热度，读着读着不知啥时候不知不觉就搁置了，等回头想起来已经过去了一段时间。很多人喜欢读网络新闻，它也很好，但是它与纸质书还是有些区别。阅读纸质书，它的内容比较系统，具有条理性。纸质书读起来也比较直观，可以一边读一边将自己喜欢的句子、段落做好注释，方便日后翻看。纸质书摆在眼前，一页一页地翻阅，享受着油墨清香的味道，又可以缓解压力，平静内心。坚持阅读纸质书，慢慢地养成习惯。一个习惯的养成要坚持 21 天，它需要持续的自律和一套计划来约束自己。

我曾经有过这样的经历，很认真地写好了计划，充其量能执行几天，不知不觉就中断了。我再捡起来，再中断，再捡起……就这样来来回回地重复着，终于在不知道的某一天，读书成了每日的活动，多年来从未改变过。在形成习惯的过程中我采用以下几个方法，与你分享。

1. 首先规定自己每周读一本书，每月的不少于 3 本书。不要规定每年读书的数量，先设定要完成的小目标。把一本书拿过来，先在封皮的右上角标注上开始读的日期和截止日期。比如，今天是 2022 年 12 月 8 日，一周读完，就写 2022 年 12 月 8 日到 14 日。这样会随时提醒自己不要偷懒和拖延。

2. 刚开始不要读大部头的书，挑选自己喜欢的领域。不要听那些"读书要挑选经典的书才有价值"的言论。这些观点可以采用，但是不适于初读者，避免产生厌烦感。

3. 规定自己每晚从 8 点读到 11 点，或者抄写喜欢的段落。期间累了可以休息几分钟。读读写写交替学习会对内容有更深的感悟。

4. 家里各个地方要摆放几本书，有助于利用好零散时间。比如，在饭前、饭后阅读几分钟，忙完家务坐下来休息时阅读几分钟，这样每天至少挤出半小时。如果每 10 分钟学会一个故事，一天学会 3 个故事，一个月下来学会几十个故事，会增加成就感，这种成就感容易带动行动力。

5．读的过程中如果感觉不是喜欢的领域，那么不要强撑着往下读，换一本。兴趣决定日后的坚持。

6．周末和节假日，除了忙于家务和陪伴家人，留出一定的时间去图书馆读书，那里浓郁的书香气会感染自己对读书的热爱和兴趣。

7．包里随时带着一本书，只要有机会就翻开读，既能学到知识，又能打发时间。时间不怕少，哪管只有几分钟。

8．在家里找一个安静的地方，只放置一把读书椅，不要有沙发和电子产品。将手机调成静音放在一边，专注于阅读。

9．枕边放书，睡觉前翻几页，心会安静下来，有助于良好的睡眠。

10．参加读书会，组织者会为每个人布置写读书心得的任务，来推动读书的热情，还可以结交爱读书的朋友，一起分享读书感悟，相互熏陶，彼此借鉴。

咖啡机"嗤嗤"地研磨咖啡豆的声音又响起来了，每每这时我总会静静地守候在那里等待着。随后听见勺子在钢制器皿里一下一下地往下刮，再"咚咚"敲几下器皿里残留的咖啡沫，让磨碎的粉末都倒入杯中不至于浪费。再按照工序一步一步地细心地加辅料调制，接下来满屋醇香，让人垂涎三尺。这独特的醇香只有用心的人才能调制出，便可知她一定是一个生活考究、高雅的女子。轻轻地闻一闻，再品一口，松散的身体瞬间有了能量。这时候再手捧一本书，来为精神世界注入营养，变得元气满满，岂不是进入了人间仙境？

书是精神食粮，一日不读只觉无味。坚持阅读半年后，你会摆脱低俗。坚持一年后，你将心神气定。坚持三年五载，你越发神旷豁达、从容睿智，让你一辈子活得明白，过得通透。

在这世上，物质富裕可以满足一时，精神富有历久弥新，传承一代接一代。亚里士多德说："求知乃是人的本性，而书便是求知最好的途径。"我相信女儿你一定是渴望读书渴望养成好习惯的，那么即刻行动起来，即便某一天放弃了，没关系再行动起来，经过一次、两次、三次……反复地坚持着、重复着，总有一天你会离不开它，爱上它，满心都是它。来吧，余生是它，真好！

晚安！

爱你的妈妈

15

生命中亲情的珍贵

亲爱的女儿：

今天外面天气阴沉，下了整整一天的雪。暮色降临，地面上晶莹剔透的雪花，好像一层层厚厚的白银正反射着光亮。透过光亮，我的视线仿佛被带到了那片宁静的田园。那一幢幢红砖瓦房整齐地站在那里，暮色中隐约见到一缕缕青烟正从屋顶的烟囱里袅袅升起。中间那幢的中间一户人家，一位老母亲手握一把铲子正在大锅里翻腾着"咕嘟咕嘟"冒着浓浓香气的白菜粉条炖冻豆腐。父亲抱着一捆木柴放到大锅底下的火堆旁。屋内一盘火炕和一面火墙正散发着热气，将整个屋子烘得暖和和的。闲话片刻，全家人团团圆圆地吃着热乎乎的晚饭。四个孩子中最爱咬尖儿的，总是那个年龄最小的。有好吃好喝的，也是小的占有的多。母亲偶尔买来熟瓜子，为了孩子们都有份，母亲将瓜子分成四堆，由年龄小的先挑选，剩下的几堆才轮到大的。买来带壳的熟花生，同样分成四堆，小的左挑右选先装在兜里，大的再不言不语地拿走被挑剩的。买来苹果和糖果，也是小的先挑走个头大的，个头小的带伤疤的留给大的。如果每人分得一份后，多余的几个，母亲再塞给小的。而那个最受宠爱、事儿最多的、年龄最小的娃便是我。

那时候，家里物质生活不富裕，经济条件不充足，哥姐们都非常听话、懂事，各自谦让相互照顾，从不为一些小事争执，也不会因为谁得到父母的偏袒而心生怨气。家里没有电视，孩子们每天快乐地在家门口的马路上玩耍，弹溜溜，抽陀螺，摔纸壳，跳皮筋。还有很多童年歌谣：编，编，编花篮，花篮里面有小孩……丢手绢，丢手绢，轻轻地放在小朋友的后面，大家不要告诉他，快点快点抓住他……

那时候说的最多的一句话就是"我不跟你玩儿了"，吃得最多的就是刚出锅的爆米花。就这样玩着玩着就长大了。等我长大以后，每次遇到困难，都是哥姐们出手相助，把我从困难中拉起来。在我没有钱，生活窘迫的时候，是哥姐们不顾一切地帮助我，我才得以柳暗花明。在经历了人生的坎坎坷坷之后，我明白了世间最真诚、最忠诚、最值得信赖、关系最长久的人，除了父母之外，便是那份血浓于水的手足之情。这份亲情是与生俱来的，谁都无法改变的血脉相连，也是谁也割舍不了的情感纽带。这份情感，它比朋友之间淡如水的交情多了几层更深厚的情义。朋友是冥冥中注定陪伴你走一段路程的人，当朋友各自忙于家庭和事业，有时走着走着就散了。朋友又像是磁场相同、相互吸引的两块磁铁，当生活环境发生了改变，人的磁场会随之改变，朋友也就很容易变得疏远，这是人生常态。而只有亲情，是我们生命中延绵不断的，有着无法割断的坚韧力量。

近几年，我常陪母亲去医院看病。有一天我和母亲在 CT 室门口排队等候，迎面走过来 3 位长相相似，年龄均在 70 岁左右的老人。其中一位大叔坐在轮椅上，另外一位体态瘦弱的大叔推着轮椅，后面跟着一位阿姨，她一只手拿着水杯，另一只胳膊上搭着一件厚棉袄，步履蹒跚地紧跟在患者的后面，很显然水杯和棉袄都是为患者准备的。听到他们的对话，才得知他们是兄妹。哥哥生病了，弟弟妹妹来陪同哥哥看病。看着这 3 位年逾古稀的老人能够相互搀扶着，我内心禁不住做了一番三拜六叩。

　　有一次，母亲因腿部血管狭窄在医院住了一周。隔壁病床的患者，她的姐姐已有 60 多岁，每天早上 5 点钟起床为生病的妹妹做早餐，再坐一个多小时的公交车来医院送饭。冬天的早晨冷得刺骨，每天早上 7 点钟姐姐背着两个包准时来到医院，气喘吁吁进来时，眼眉上都挂满了雪霜。这么一大把年纪的老人，想让妹妹吃上顺口的饭菜，起大早顶着凛冽寒风走这么远的路，可见姊妹间亲密无间的深厚感情。

　　这种情分我深有感触。我在欧洲的那几年，每年是暑假回国，8 月末再回去。每次回欧洲的前一周，我都要去看望姐姐。临走时姐姐的眼神里充满着太多的不舍，凝视着我，问道："走之前还来我这儿不？"我心想，今天就是来告别的。于是我便回答说："也不远，没啥事儿，说来就来了。"话虽这么说，我和姐姐心里都很清楚，这一年都不会再见面了。只是我们各自将依依不舍的感情密不透风地隐藏起来，表面上假装不在乎，其实内心无尽的牵挂只有手足相依的人才能体会得到。

　　记得有一次我是 9 月初回去，那天沈阳到北京的飞机突然取消了，我不得不改成坐动车去北京。晚上 5 点多天色已晚，姐姐开车送我去车站，由于行李箱比较多，车子里放得满满当当的，哥哥执意要挤在后排座位上一同去车站送我。到了车站我说："哥，天黑了，正好公交车来了，你早点回去吧，不用去候车室了。"哥哥坚决不肯。等我过完安检口上了滚梯，回过头来，看见哥哥驼着背哈着腰，一动不动地站在那里，目不转睛地看着我。此时，我思绪万千，即刻将头转向前方，再也没有回头看哥哥。因为我不忍心看到哥哥那几多沧桑的眼神和难以用语言表达的万般惦念。我心里酸酸的，豆大的雨点儿顺着脸颊往下落，掉到地上，打在了心里。

人的一生既充满荆棘，又喜乐无穷。一母同胞也好，表兄妹也好，他们身上都流淌着相同的血液，相互之间有着无与伦比的血脉亲情。老一辈人常说"打虎亲兄弟，上阵父子兵"当身处逆境时，能够以死相救的只有手足亲情。"亲不亲一家人，打断骨头还连着筋。"当一个人身体健康生活富裕时，可能感受不到亲情的可贵。当他病卧在床上，或遭遇经济拮据时，那个送来温暖、伸出援手的人一定是兄弟姊妹。我希望孩子们在各自成了家以后，要和睦相处，把握好相处的尺度，做到远近有数、进退有度。不管是谁，过得贫与富，只要还活着就是最重要；只要生活在道德圈层里，能吃饱、穿暖，其他都是小事。相互之间，竭尽所能地帮助。一人有难多人支援，众人拾柴火焰高，每人都伸出援助之手，有钱出钱有力出力，能者多劳，不攀比不求回报，只要齐心合力，再大的困境都能变成顺境。此生兄妹一场，应珍惜这份血缘。珍惜上辈子修行了几千年才换来今世的兄妹一场，珍惜这份来之不易的相遇，因为下辈子很难再遇见。珍惜这份至高无上的亲情，余生会更加踏实、心安。

冬安！

爱你的妈妈

16

敢于果断拒绝

亲爱的女儿：

从你孩童时起，妈妈常和你说，要与人为善，和他人友好相处。从小到大你几乎不和他人争吵，一直是一个他人眼中平和、热心的女孩子。小孩子的内心都有一个很纯净的世界，彼此之间的友谊纯粹，不掺杂任何目的。当你踏入社会或步入职场以后，你会发现，在为人处世和交友时就不能像小时候那样好说话，对人有求必应。你应本着合乎道德底线，符合内心意愿的原则。当遇到奇怪的陌生人，不管是老人还是年幼的孩子向你求助时，不要犹豫，不要多解释，直接拒绝，或马上走开远离他们。因为弱势群体是不会流浪街头的，就算有问题去找警察，为啥要找你？当有朋友、同事、同学向你发出求助的时候，不要急于回答，要先在大脑想一想，他人的要求是合规、合法的吗？是否在我有能力帮助的范围内？我内心愿意帮助他吗？帮助他会不会连累自己？为什么偏偏求助于我？当发觉请求不合理，或你不愿意提供帮助时，你要果断地说出"不"。不要迟疑，不要给他人留有说服你的幻想；不要回答得模棱两可，以免人家误以为你还能帮忙；也不要拖拖拉拉，要尽早告诉他人，避免耽误了人家的时间，到头来还要埋怨你。如果拒绝，又不好意思说，怕伤了与他人的关系，你就想，如果一个拒绝就能破坏两人之间的关系，那么，这份交情也不是真心的，恭喜你尽早地告别了这份不纯真的友情。如果你担心说出来会让对方没有面子，那么请你不要顾及太多，对方提出麻烦你的事情时，也没有顾及你的难处。如果你支支吾吾难以启齿，害怕说出来会伤害了对方，其实他人的内心没有那么脆弱。而且，当他人向你提出请求时，人家也做好了两手准备，假如你帮助，是他的幸运，不帮助也是在预料之中。总之，你帮与不帮，前提是先保护好自己，听从内心的声音，不要因此委屈了内心，由此带来更多的压力。我这么说似乎听起来有些冷酷，慢慢地你会发现，拥有感恩心的人，帮助是有意义的。当帮助那些居心叵测、不通人性的人时，到头来不仅仅给你带来很大的麻烦，甚至会影响你未来的生活和事业的发展。

在我经营绿化工程期间，有一个已经完工的项目，第二年我们要进行树木养护，所以安排了一名养护工人。他叫郑工，山东人，妻子在山东老家照顾两个四五岁的孩子，他一人出来工作挣钱养家。郑工进入公司已有两年，对工作一直负责任，人很憨厚。有一次郑工把工地所剩的铁料和破损工具卖给当地的一位刘先生，共计1.6万元。刘先生承诺半个月后给钱，可是过了20天也没给。一天下班后郑工与刘先生在工地附近的一个小饭店吃饭，两人各自喝了两瓶啤酒后，已是晚上7点30分，天已经黑了。郑工驾驶着自己的小型面包车回住处。途中道路两侧的路灯损坏接近一大半，只剩下部分正稀稀落落地发着略有略无的光。路上没有行人，只有一辆大货车正快速地行驶着，紧跟其后的便是郑工的面包车。当路过一个村庄时，突然有一个60多岁的男人从村口出来，正要横穿马路走到对面。还没等这个男人走到路的中间，正好这辆大货车路过，刹那间车的侧面把男人刮倒后，男人被车拖出去了十几米，随即男人被车甩到了路中间，货车继续向前跑得没了踪影。整个过程中货车都没有踩刹车，紧跟其后的郑工也没有踩刹车，也没有看到路中间的死者，又将死者碾压在了车底下。当郑工意识到车碾压到了什么东西时，急速刹车停靠在了马路边，下车向后方一看，死者已经满身血迹。郑工拨通了 120 后，又给我打通电话，我立刻出发开了两个小时的车赶到交警队。我在交警队的外面等了两个多小时，郑工才从笔录室被放出来。

　　我问道："你和谁出去吃的饭、喝的酒？"

　　他答道："我和刘 ×× 。"

　　我问道："哪个刘 ×× ？"

　　他说："就是收购我们旧料的那个人。"

　　我说："谁让你和他出去吃饭的？"

　　他说："我寻思着去要回他欠我们的那些钱。"

　　听到这话我心里一激灵，心想，我从来也没让你去喝酒要钱啊？明显这是在转嫁自己的责任啊。于是我没有多说，安慰他几句以后，我们就离开了交警队。第二天，我请求朋友去交警队打探消息，过程中我花费了几千元的人情费。后来交警队判定肇事者应为死者经济赔偿共计 46 万余元，其中郑工个人承担 32 万，剩余金额由保险公司承担赔偿。我结清了郑工的工资 5 万多元，他自己拿出 12 万元，又向我借了 15 万元。那时候我正面临着经济困难的压力，一方面施工方还没给我结清工程尾款，另一方面我还外欠了 30 多万的材料款。刚开始我告诉郑工我确实资金紧张，没有钱借给他。他便苦苦哀求地说，如果拿不出钱赔偿，他就要被送进监狱。我考虑到他年幼的两个孩子和 70 多岁的老母亲，最后我用房子做抵押，向银行借了 15 万元，汇给了他。事情处理完，他回了老家，临走时向我保证，以后好好干活，每月至少还我 3000 元钱，争取尽早还清 15 万元，接着说："你放心，我说到做到，钱肯定还清。"

第二年下半年，我正在欧洲时，给郑工发了一条信息，希望他每月将 3000 元钱汇到我指定的银行卡上。他在信息中这样写道："我给你干活，白干了一年不说，自己还赔上了 12 万元，我问过律师，就是打官司我也不用还你钱。"看完信息我很生气，发给他一条信息，写道："第一，我没让你喝酒。第二，你下班后的行为，与公司无关。第三，我借款的利息没和你清算，本金必须偿还。"再后来他的手机关机，加上我没在国内，如果真走法律程序，到山东去也是很困难的。而且我犯了一个错误，在我汇给他钱的时候，我碍于面子以及对他的信任，没好意思让他给我出一张欠条。思来想去我只能自认倒霉了。

　　15 万元对我这样一个普通人来说，已经是很大的一笔款项，毕竟我平常消费都是以百元、千元为单位的小手笔。起初他向我借钱的时候，我正处于经济紧张，却没有果断地拒绝他，也没有索要欠条，结果带来资金困难的压力，我还被当成了一个挨宰的软绵羊。归根到底，是我在刚开始时拒绝得不够坚决，给了他再一次请求的机会，也是因为我想多了，认为不帮忙的话，他就会入狱。实际上，是我高估了自己。没有我，人家也能凑齐钱。从此，我长了记性，学会了果断拒绝。俗话说，人心隔肚皮，知人知面不知心。我们无法看到他人动的是什么脑筋，我们唯一能够做的就是保护好自己，直率地说"不"。

　　以前农村有一远房亲戚，他在信用社贷款，按照合同规定到还款日期必须还清借款。他来找我，说自己身无分文，没办法还清贷款，让我借钱给他。当时我心里很不愿意借钱给他，嘴上又不好意思拒绝，害怕伤了亲戚关系，一副犹豫不决的样子。他便觉得很有希望，就越发地表现得很可怜。最后我将节省下来的那一点点存款借给了他，还一直指望着早日还给我，结果成了肉包子打狗有去无回。

　　这些事情虽然已经过去，我也因此受到了教训，也体会到人言可畏，以及人的多面性。愿我来时路，赠你沿途灯。我希望你在未来的生活中不要轻易给自己找事儿，不给自己找压力，不随口答应他人的请求，更不能随意大发善心。要学会将精力和时间留给自己，才能更好地与自己相处。善良的同时，不乏带有主见，别忘了，先穿上盔甲。

　　不仅仅是金钱方面，其他方面也是如此。比如，有时候我在火车上或是飞机上，总会有人背着包过来冲着我说："可以换个位置吗？我想和朋友挨着坐。"虽然我内心不愿意，但不想让人家觉得我很计较，最后总是委屈自己答应了他人的请求，坐到了自己不喜欢的座位上，结果整个旅程中内心都不舒服。后来明白了，我有自己的边界，没有义务必须去满足谁，不需要去讨好谁，不要害怕撕破脸做不了朋友，更不必去顾及他人的眼光，我有选择自由的权利。自由不是想做什么就做什么，而是我不想做什么，就不做什么。

　　能够支持这一观点的有很多实例，这里就不一一列举了。《白夜行》里有句话，人世间最不能直视的：一是太阳，二是人心。不敢直视太阳，因为越看越刺眼，刺得让人疼痛难忍。

人心不可揣摩，越想越深不可测。

世间任何的存在都是相对的，不能一概而论。所有的善良和讲义气都是前菜，主餐一定是保护好自己，坚守底线，两者绝不能错位。这样才能心情舒畅，小日子过得自由。

祝新年快乐！

爱你的妈妈

17

养成好习惯的小窍门

亲爱的女儿：

我遇见过一些年龄相仿、条件相似的年轻人，他们之间在身体健康状况和精神面貌等方面却存在很大的差别。这种差别的产生，与各自的生活状况无关，也和个人运气的好坏无关，它取决于个人的生活习惯。生活自律的人，拥有健康的身体，自信心强，为事业的蓬勃发展起到锦上添花的作用。相反，有人每天睡到自然醒，吃不健康的食品，他们只顾于即时的满足，却不知长此以往，这些不良生活习惯给健康带来极大的潜在危害。它消耗人的精力和体力不说，当想要戒掉它们的时候却很难，相当于戒掉自己的任性，强迫自己跳出舒适圈。

有时候，或许是自己没有意识到这些不良习惯的危害，或者是意识到了，又缺乏很强的自控力去抵抗，导致这些坏习惯成为自己的主人。虽说自控力是人的本能，但是这种本能在涉世未深的年轻人面前，表现得很薄弱，往往坚持了一时就中途放弃了，最后以失败告终。基于此，我们在强化内驱力的同时，可以借助外驱动力来辅助自己，让好习惯坚持下来，成为一种雷打不动的行为。

好记性不如烂笔头，将每天要完成的事项落到纸上，像手机一样随时带在身上，以便时刻提醒自己。采用以下几点小窍门：

1. 打卡制

打卡制分为四小步：

第一步，写出自己现有的生活习惯，包括在某些行为上所花费的时间，以及你做这些事的理由，再逐条分析哪一条是有益的，哪一条是不可取的行为。比如：

早上起床：11:00

理由：睡不醒，起不来

打游戏：每天至少打 3 ～ 4 个小时

理由：刺激，过瘾

手机控：每 10 分钟刷一次朋友圈，刷抖音，看视频

理由：拿起手机有充实感

点外卖：每天一次

理由：味道好，方便省事

喝冷饮：以可乐为主

理由：解渴，喜欢又凉又甜的味道

运动：出门开车或打车

理由：走路累，冬天怕冷，夏天怕热，用车代步快捷

上床：凌晨 1～2 点

理由：生物钟

第二步，制作一张表格，写出来你希望养成的好习惯。每天将做完的打上 ✓，没做的打上 ✗，用一张表格来记录一周的行为变化。小目标容易完成，能很快见到成效，可随时监督自己。添加的项目不要太多，以免造成压力。当这些项目在一段时间自动内化后，再根据自己的需要增改。比如：

2023 年 2 月份第一周

完成项目	周一	周二	周三	周四	周五	周六	周日
7：30 起床	✓	✓	✗				
读书	✓	✓					
运动	✓	✗					
不打游戏	✓			✓			
放下手机			✓	✓			
综合学习（抄写段落、书法、抄经文、读古诗）				✓			
艺术爱好（插花、绘画、唱歌）			✓				
饮食规律			✓				
拒绝冷饮			✓				
拒绝外卖、垃圾食品			✓				
不发脾气							
上床睡觉：23:00				✓	✓	✓	

第三步，分析。

以同样的表格形式记录第二周、第三周、第四周，这种形式能清楚地看到了自己的进步，增加成就感，更愿意坚持下去。每坚持一个月后，就奖励自己一件礼物。过程中某件计划可能会出现临时变动，偶尔中断几次不影响大方向，不必为此自责。比如，你正准备读书，恰好有朋友来。你不喝冷饮，恰好他送你一瓶可乐。相反，如果参加了很多没有必要的活动，导致表格中出现了大部分的 ✗，那么，接下来应该找出办法。比如，计划着打游戏半小时，结果，一口气打了 3 个小时。出现这种情况，就在打游戏之前，先设定好闹钟，或者出门散步、听听音乐等，以此替代游戏。如果忍不住刷手机，可以抄经文、绘画、做美食、收拾衣橱等方式来缓解。

如果参加了过多的应酬，导致饮食没有规律，应考虑适当地拒绝没有意义的聚会。

第四步，反馈。

每周做一次结果反馈，总结改变后的体会。将亲身感受写出来，能够增强坚持下去的自信心。同样以表格的形式，清晰、直观地展现出来。比如：

	2 月 1 日之前	今天（2 月 28 日）
起床	11 点起床，大脑昏昏沉沉，反应迟钝，目光呆滞；有坏情绪	大脑清晰，反应灵敏；工作、学习效率较大提高
读书	无	每次读很多页；注意力集中了
运动	腰围二尺四	肌肉结实；腰围瘦了一圈；走路轻松了
不打游戏	每天打 2～3 次，每次最少 1 小时	每次打半小时，每天不超过三次；
手机控	每 10 分钟刷一次朋友圈	一天刷一次朋友圈；卸载了抖音 App
综合学习	无	练习书法，抄经文
艺术爱好	无	偶尔绘画
饮食规律	下午 4 点吃第一顿饭，晚上 7 点吃第二顿饭，夜间 11 点吃第三顿饭	早上 8 点吃早饭，中午 12 点吃午饭，晚上 7 点之前吃完晚饭
拒绝冷饮	喜欢可乐，各种冰冻奶茶	习惯了茶的味道，出门带一杯茶。每天喝一杯咖啡
抵制外卖	随时点	自己在家做饭
不发脾气	起床后有坏情绪	每天心情美美哒
上床睡觉	凌晨 2～3 点睡觉	23 点关灯睡觉

2. 选择环境

环境如同一个大染缸，很容易将人们同化。选择正确的场合，身边都是优秀的人，自己也能见贤思齐。比如，去健身房运动，去图书馆学习，参加爱好班学习、文艺活动等，有助于带动自己参加有益的活动。

3. 联系的方式

将自己的行为与其带来的副作用连接起来，会发自内心地愿意戒掉坏习惯。比如，长期熬夜造成身体器官功能紊乱引发疾病。每当忍不住熬夜时，在脑中将熬夜与疾病连接起来，瞬间你会将熬夜视为洪水猛兽。通过联系的方式，让原本的诱惑变成警醒，这样戒掉它们就不难了。

4. 找出榜样

当自己懒性大发时，想一想那些励志的事迹。比如，原本是一个小胖子的彭于晏，他忍受着肌肉的疼痛，每天不懈地苦练。后来，他练就了比雕塑还匀称的身材。当你觉得读书无用时，想想新东方创始人俞敏洪，每年坚持读 200 本书，最终创建了新东方教育集团。无数榜样的力量，有助于推动自己养成好习惯。

世上无难事，只怕有心人。戒掉坏习惯不是望而不及，只要付诸行动，便触手可及。没有天生如此，只有天天坚持。忍耐＋行动＋坚持，就一定会达成自己想要的模样，活出自己想要的优秀。如果以上小窍门能够帮助到你，守住它，就守住了健康与美好！

祝心想事成！

爱你的妈妈

18

生活中的大智慧

亲爱的女儿：

我最常听到父亲提及就是楷书、隶书、行书、篆书、草书。我印象最深刻的就是父亲坐在那张木椅上，两只胳膊放在前面那张深红色的木制八仙桌上，右手紧握一块墨锭，在一个盛有一点点水的圆形砚台上，缓缓地、轻轻地由里向外一圈一圈地研磨。尔后，神情专注地书写毛笔字。书法是父亲的挚爱，一生如影相随，须臾不可离。它又好像是搭在身体里的一根脉，紧紧地贴附在父亲的心里，脉脉含情，生生不息。父亲是厂里的一位行政干部，书法则是业余爱好。每当茶余饭后，父亲总是坐在那里专注地写着。桌子旁边的窗台上除了摆放着两盆杜鹃花，还有的就是几本书法字帖，一摞纸张，长短不一、粗细不等的几支毛笔。寒来暑往、年复一年的坚持，父亲写得一手生动而有气势的书法，就连家乡很多企事业单位的门匾均留有父亲的墨迹。父亲曾无数次获得过书法奖项，单是一等奖证书就有好几本。

每年春节，一过了小年，家乡的亲朋好友和街坊邻居们，都前来找父亲帮忙写对联。他们各自带来几张大红纸，父亲按照对联尺寸，将大红纸裁剪成一条条的，再将边角余料裁剪成正方形，用来写"福"和"春"字。每家每户都要写好几副对联，包括大门、二门、进户门、仓房、猪圈、鸡舍、狗棚等，只要是有人出入，有生灵居住的地方，都粘贴上，以祝福新的一年福星高照，日子红红火火。年年岁岁，岁岁年年，父亲的热心帮忙便成了家乡人的习惯，他们年年如此，重复地做着相同的事情，一做就是几十年。

父亲花费一生的心力和时间，始终如一地坚持着自己的爱好，在书法上发热发光，这束光照在了家乡，照到人们的心里。我自豪，我有一位最伟大的父亲。父亲传承给我许多人生哲理，言传身教地教会我为人善良、胸怀宽广。远不止如此，更多的是父亲留给我的生活中的大智慧，让我感悟到，在生命的长河中，培养一门爱好，并为之锲而不舍地努力，它是一个体验喜悦的过程，是心存美好，以及对生命价值的释放。这才是快乐生活的真谛。

我怀念父亲，他那慈祥、和蔼的面容清晰地浮现在眼前。随着岁月的沉淀，我便有了一些感悟。原来，书法早已将父亲带向人生之梦，带向美妙之仙境。人能常清静，天地悉皆归。父亲如痴如醉地沉浸在书法的世界中，从而接收到天地之能量，吸取其精华，随之心量也变得越来越强大，大到天下皆于心中。

生命如流水，只有在它向前流的时候才美丽。我要像父亲那样，去坚守着一份热爱，直到终老。我想，在天堂的父亲看到我的进步，一定深感欣慰。我更要像父亲那样，在我的言传身教中，我的女儿也能够培养一门爱好，让自己富足起来，富得如绵绵的雪，丝丝的雨，美得如诗如画，醉了日出，醉了夕阳。

爱好不是休闲娱乐，也不是邪恶淫乱之类的恶习，它应是健康的，有益的，是有思维高度的。它是在工作之外，坚持去学习的一项喜爱的活动。爱好，可不是来源于外界的引诱，也不具有任何功利目的，而是你发自内心地喜欢，很主动，很愿意去做这一项活动。光说喜欢是不够的，它需要在上面花费时间和精力，持之以恒地耕耘，经过几年、十几年、几十年持续的一个过程。

俗话说，除草的最好办法就是种庄稼。让心灵沉静下来的最好办法就是找到自己的喜爱，不遗余力地投入其中，让那些多余的攀比心、愤怒心、虚荣心、虚无的妄想、妄念、诱惑全部烟消云散，内心只有乐在其中的满足。身处于这般美妙的仙境中，养心养性，陶冶情操，获得深刻的价值感及由此而来的对生命的醒悟和尊重。

祝元宵节快乐！

爱你的妈妈

19

心存善念，学会说话

亲爱的女儿：

前些天与朋友聊天，她谈论到一个问题。在多数家庭中，兄妹几人在同一环境下成长，受到同样的家庭教育，当各自长大以后却出现了不同的人生境遇。有人乐观主义，身体健康，快乐生活；有人悲观主义，经济条件一般，身体状况不佳。之所以产生不同，其中的因素很多。比如，各自学历高低的不同、身体健康状况不同、专业技能不同。可能有人在这几方面都很优秀，可是日子还是走下坡路。仔细琢磨，出现差别的根源与各自的心念息息相关。心念是自己内心的意念、想法。乐观主义者，他心存善念，发自内心、无任何功利心地对待他人。他的善言善行不是"表面文章"，而是以悯己之心悯人，有爱己之心爱人的情怀。他发真心、正念，同样会收到他人的正心、善念，以及带给他的正能量，他的日子会过得越来越顺心。悲观主义者，他心生恶念，口出恶语，咄咄逼人，当然日子不会好。人是万物之灵，本身有着强大的能量磁场。确切说，如果一个人的内心发出的愿望都是好愿、正能量，他会吸来同样的好愿、正能量，帮助他达成愿望。反之，如果他心生怨气、指责、嗔恨，这满满的"怨心"一定会招来坏事，这就是能量吸引法则之原理。比如，你一心想考研，你内心的愿力很强烈，这股愿力产生一种能量，加持于你。假如一年没考中，下一次也一定会考中。

反之，如果一个人习惯说，"烦死了，真闹心"。他每说一次，就会招来一次烦心事。如果他天天念叨着自己倒霉，不顺心，就好像是魔鬼般的诅咒天天往自己身上念，那么，他的事业便会越来越不顺，不断遭遇坎坷，坏事不停。如果他一心琢磨着男女不正当关系的事，迟早有一天，他会在这方面栽跟头。如果天天想着图小利占便宜，早晚会破财、吃大亏。一个人要想运气好，必先种好因。

让贪婪心变成知足心，邪恶心变成善良心，

抱怨心变成感恩心，嫉妒心变成钦佩心，

高傲心变成谦虚心，指责心变成赞赏心。

学会把自己翻个面，转个身，则无可恨之人，无可恼之事，无怨言可说，世间纷扰皆成空。

心是自己的镜子，心里想着什么，生活就会变成想象的样子。

心是内功，说话是外功，"内功＋外功＝心想事成"。心想得好，嘴也要会说话。人们常说，用一年时间学说话，用一辈子时间学会闭嘴。嘴是一个人的风水，切忌轻易地破坏好的风水。一个有深度、有温度的人，他从来不说这几种话：

1. 不议论他人

不管在人前还是人后，不要随意去评论他人。造物主让每个人都各有不同，以达到生命之平衡。比如，有人长得丑，可是人家才华横溢，写得一手好文章；有人长得美，可是美里面藏着丑陋，专门背后下刀子；有人身体不健康，但是人家有一技之长。然而我们眼睛看到的只是他人的一个角度，并没有看到其他方面，更没有经历过他人的故事。千万不要以肉眼看到的表面，跑到别人的世界里叽叽喳喳，在那信口开河妄下结论。当事实证明，你说的是黑白颠倒时，难堪的是自己。俗话说，嘴有多贱命有多苦，说得再多，对人家没有一点点影响，反倒是在消耗自己的福报。一个有深度的人，他不闲言，不碎语，话也不贪多，他将更多的能量和精力用在提高自己身上，让自己发光发亮。

2．不说令人反感的话

有些嫉妒心强的人，当他发现过去和自己条件想当的人，如今在各方面的能力都超过自己时，嘴里便流露出嫉妒的字眼，想方设法挑出对方的缺点，来贬低或打压。自己总以为能以言语胜人来逞一时之强，以此满足自我存在感。心怀这种恶意的人，往往都是非常自卑，见不得别人好的人，长此以往，这种坏情绪会累积成怨气，通过言语表现出来，使得身边的人都离他远远的，生怕受到那些坏情绪的干扰。一个优秀的人，从不存嫉妒心，不说嫉妒的话，他知道取他人之长，补己之短，力争尽善尽美。

3．不说伤害人的话

当听到有人夸赞我们时，我们会很高兴。当有人指责我们时，我们一定会记住。记住的不是那件事，而是指责我们的那个人。有一种人，他习惯于拿着对方的缺点来作话题，甚至在众人面前故意讽刺对方。人要脸，树要皮，当侵犯到他人的尊严时，一定会受到他人狠狠的反击。

有一次，我去商场，经销售员再三推荐，我买回来一个价格很贵的家庭式美容仪。回来后正犹豫着要不要退回去，正好有一个朋友来到我家，我将美容仪拿给她看。她说："你这是让人忽悠了，这个小仪器淘宝上有的是，它不值这个价格，现在的商家专门盯着你们这么大年龄的人。"听完这话，我心堵得像是塞进了一块木疙瘩。虽然我承认是买贵了，但是也不愿意听到有人彻底否定我的判断力。紧接着，我辩护道："便宜的东西谁敢去用？这小玩意物有所值，用起来放心。"又过了几天，我拿给另外一个朋友看，朋友说："太实用了，以后不用再往美容院跑了，等我有钱了，也去买一个。"我心里有着完全不一样的感觉，回复说："是有些贵，买回来就后悔了。"说完，我心里很轻松，还主动承认了自己冲动消费的失误。

我们说话要分场合懂分寸，给人留有余地，嘴巴不要尖酸刻薄。发现一些问题很正常，指出问题的方式有很多，也可以婉转地说出来。切记不可口无遮拦，张嘴就嘲讽对方。这不是在以事论事，而是在损害他人的尊严，在激怒他人的情绪底线，故意为自己树敌。就好比是当着盲人说瞎子，当着病人说死人，专门捅人家心窝子，自然会招惹到对方的语言攻击，损己伤人。

　　金无足赤，人无完人，只要没有触碰到法律底线、道德底线，偶尔出现点错误算得了什么呢？再者，人各有志，观点不同，选择不同，没有对与错，只有愿意与不愿意。决不可站在自己的位置上，去要求别人。在一次年末聚餐中，大家畅所欲言。突然小王指向小孙说："小孙人实在，讲义气，就是书读得少，文化水平差点儿。"即刻大家都无语了，谁也没想到小王能冒出如此伤人自尊的话。小孙读书少，是因为家里经济困难，为了帮助父母分担压力，就早早辍学回家种田耕地，以卖菜赚得微薄收入以维持家用。后来，小王进城来到这家房屋租赁门店做起了销售。小王没有站在他人的角度，也没有体会其中的原诿，伤了对方不说，更难堪的是暴露了自己文化水平低。

　　学会说话过脑子，如果说不好，宁可只说好话，只说虚心的话。说的话要有温度，懂得止语，懂得言不乱刺。不要以"我是心直口快，我是刀子嘴豆腐心"来做挡箭牌，心直口快不是坏事，心歪才会坏事。话由心生，不存在刀子嘴豆腐心，有刀子嘴就有刀子心。而且每重复一次别人的缺点，在自己的心里就会打下一块烙印，长此下去，最终这些缺点都会变成自己身上的东西。存正心，积口德，是为自己铺好路，以便日后留住福报。求天求地，都不如求正自己的那颗心；

求运求势，也不如管好自己的嘴巴。只有将心摆正了，嘴巴就甜了，自然心顺、万事顺。

4．不说争辩的话

卡耐基在自传中写过这样一段经历。在一次宴会上，同桌的一位男士说了一句话，并说这句话是出自《圣经》。现场的人无一反驳，只有卡耐基说这句话出自莎士比亚的一部作品集。听后，那位男士和卡耐基两人争论起来。坐在卡耐基左手边的一位朋友，在桌子底下偷偷地用脚碰了一下卡耐基的脚，随即说那位男士说得对。回家的路上，卡耐基问朋友，为啥偏袒那位男士。朋友说，那位男士没有问其他人的建议，如果当众指出他的错误，他会觉得很丢脸，当众与他争辩，是不明智的。

诚然，人与人之间经常会在某个事物上，因观点不一致，发生争辩，本来不是一件很重要的事，如果在众人面前争执，双方想方设法维护自身的面子，用观点碾压住对方的观点，导致越争越激烈，非但没有胜负，还闹得双方有失脸面，搅得整个氛围充满火药味。既然两人之间没有什么怨恨，也不必当众僵持不下。对于三观相同，衡量事物标准相同的两个人，无须争辩，一切尽在不言中。如果与不同类的人相争，就如同与井之蛙辩论大海，除了自我消耗，别无好处。

卡耐基在《下决心的过程》一书中说道："人，有时会很自然地改变自己的想法，但是如果有人说他错了，他就会恼火，更加固执己见。人，有时也会毫无根据地形成自己的想法，但是如果有人不同意他的想法，反而会全心全意地去维护自己的想法。不是那个想法本身多么珍贵，而是他的自尊心受到了威胁。"

当众争论，只能助长一个人比之前更加坚定自己的立场。聪明的人，他话不多，不说满。他懂得话说三分，为自己留退路。他看清一个人，不拆穿；看破一件事，不说破，轻松自在地待在自己的圈层里，好像对其他便一无所知。这样的人生，美矣！

愿天天好心情！

爱你的妈妈

20

忍之效应

亲爱的女儿：

你曾给我讲了一段小故事。一个周末的下午，你和另外两名同学一起去逛商场。当走到家乐福桥底下，有工人正在修理路面，在路的最里侧只留出一条窄路供来往的行人使用。由于路面很窄，迎面过来一位骑着旧摩托车的男士，恰巧碰到了你同学的左侧胳膊。幸好摩托车速度慢，同学当时一个趔趄，才没有被碰倒。同学没有吱声，拍了拍衣服上的灰尘。另一名女同学猛地回过头，冲着那位男士喊道："你咋骑车的，碰着人也不吱声，有病啊？"男士听到后，立即刹住车，将一只脚支在地面上，回过头大声呵斥道："你瞎呀，谁让你不靠边儿的，傻×。"同学和男士火气都很旺，谁也不服输，大声地对骂起来。见此情况，你顺势拉起同学的手，拽着她们朝着商场的方向走去。然后你们快乐地逛商场、看电影、喝奶茶。说到这儿，我和你的脸上都挂满了笑容。我内心更是满满的欢喜，女儿年纪轻轻竟然有如此高的忍耐智慧，理性地记住前面的目标，没有去和一个蛮不讲理、无理搅三分的人纠缠。

大千世界，人海茫茫，我们身边总会遇到一些冲突。比如，排队时你推他挤，你踩到我脚，我瞪你一眼，双方冷目对视甚至口出恶言。也不免会遇到一些没有人格底线、愿意找事打架、遇事走极端下狠手、把自己的命当作一文不值的人。我曾遇到很多次，起初也是怒气冲冲，当我醒悟后，会置之不理。与之相比，我的生命更珍贵，我的口舌更值钱。高人不和小人斗，忍着他，让着他，主动说声"对不起""不好意思，不是故意的"又何妨？它不代表我真的错了，也不是我真的害怕对方，我把对方看作是上天派下来的恶人，是来度化我的。挡住我路的恶人越多，我的心志就越坚强，越理智，离成功也就越近。就像唐僧取经，在战胜了重重的磨难后，最终功德圆满。

那天，我去东北国际医院，当走到地面停车场入口时，听到一位年轻女车主正在和一位保安争执。从他俩的对话中得知，入口的栏杆不是电动的，每过一辆车都需要保安手动移开。保安为了省力，将栏杆移动的间距过于狭窄。女车主的车很新，生怕被刮碰，就让保安移动得宽一些。保安说：

"别人的车都是这么过去的，你咋不能过？"女车主说："那是别人，我车宽过不去，你为啥不向宽了挪？"就这样，两人都摆出互不相让的态度吵了起来。我透过车玻璃，不经意间往车里面看了一眼，看到车的后排座位上有一名儿童和一位老人，这一老一小正看着女车主。这时走过来一位上身挂着对讲机，年龄很大的保安，将栏杆移向了一侧，摆着手势让女车主离开。

看到这一幕，我真希望他们当中的一方能忍住自己的性子，停止争吵。完全没有必要僵持不下，各争各的理，将脾气触怒到了制高点上，这样极易点燃愤怒的火种，尤其是那位好胜、火力旺盛的男性保安，当失去理智时，不可预知他能做出什么反常的行为，发生不堪设想的后果。

其实问题很容易解决。如果女车主换位思考，体谅保安站在炎炎烈日下为人们提供服务，言语客气地请保安将栏杆放宽一些，而保安也应设身处地理解女车主担心爱车被刮碰到，主动将栏杆移到一侧，那么，将会是另一种结局，各自安好又不失脸面。

进一步讲，就算女车主年轻好胜不肯低头，但是带着老人和孩子出门，既不能让老人提心吊胆，又应该为孩子树立榜样，以身作则教导孩子如何处理这样的问题。忍一忍，是给自己留有余地，是在稳中求胜，胜中有智。以成熟的心智思考，就算遇到有人恶意使坏，故意挑逗，他也无法得逞。

　　木子与前夫的小日子过得很幸福，后来因家里的小店要招一名服务员，恰巧招到张某。没承想，她不守打工的本分，偷偷摸摸与木子前夫打起了床上工，心怀叵测地做起荡妇。木子没有当众去骂她，也没有打电话侮辱她。因为木子明白，与这样的人对话，实在是降低自己的人品。

　　偷者都是一时侥幸，终究不被天下人所容，像老鼠过街人人喊打。后来前夫与一位燕女士生活在一起，日子过得很太平。可谁知，这个张某又偷挖起了燕女士的地沟，背地里去前夫那里解饥饿。结果遭到燕女士三番五次地警告，告诫她不要搅和人家的正常生活。

　　当我们遇到这种恶劣成瘾不知死活的家伙，不要和她纠缠，就当作是被一只饥饿难耐的疯狗咬了一口，就算打死它，也于事无补。只管放她去，迟早她会遭到燕女士这样厉害的猎手收拾她，她也必然会遭到道德的谴责和社会的唾弃。

　　忍耐是内心的自信和充盈，是对恶人的视而不见，对欲望的克制。它是超凡脱俗的大智慧，也是自我磨炼心智的过程。知其雄守其雌，为天下。忍耐者得天下是亘古不变的真理。古往今来，几乎每一位成功人士，都不乏经历了无数的屈辱和忍耐。他们的传奇事迹，都在教导我们以忍取胜，以忍治人，并将忍当作一种谋略，一种机智，终能成就一生。洛克菲勒在创业初期，为了筹到资金发展企业，不得不屈服于投资人的条件，将自己的姓氏从公司中抹去，更改成了投资人的姓氏。这对于洛克菲勒来说，无疑是承受了莫大的屈辱。投资人从不把洛克菲勒当作合伙人，而把他看作是一名小职员，经常在众人面前指责洛克菲勒，说他除了会记账，其他什么都不懂，经常公开向洛克菲勒挑衅，暗算着把他赶出公司。洛克菲勒假装什么都没看见，忍辱负重，埋头苦干，经过三年的时间，将合伙人赶出公司，将自己姓氏的公司重新树立起来，独占石油界鳌头。

日本矿山大王古河士兵卫曾说过："忍耐是成功之路，只有学会用理智克制自己的情感，在需要的时候采取忍让的态度，才能办成大事。"这句至理哲言得之于古河小时候受雇于高利贷者。一天晚上他去客户那里收款，对方根本不想还钱，对小小年纪的古河态度冷漠，不理不睬，让他一个人坐在那里，自己却上床关灯睡觉了。古河就在那里一直坐到天亮。第二天早上，对方起床后看见古河仍然坐在自己家中，一夜未眠，很是惊讶。而且，古河没有显示出生气的样子，依然面带微笑。对方很是愧疚，态度变得谦逊和气，将欠款一分不差地交到古河的手中。后来，古河凭借着遇事冷静，忍一时之气，苦撑到底的个性，成为赫赫有名的矿山大王。

阿拉伯有句谚语："为了玫瑰，也要给刺浇水。"忍住扎在心头的那些刺，人生必能开出娇艳美丽的花朵。

祝越来越漂亮！

爱你的妈妈

21

不完美正是刚刚好

亲爱的女儿：

很高兴与你视频，又看到你笑容满面的小脸蛋。我也有好消息与你分享。

2020 年 1 月中旬我离开塞岛时，银行账户余额是 600 欧元，折合人民币大概是 4500 元左右。今天我去银行，工作人员打印出账单流水，余额变成了零。根据银行规定，每一个季度银行对账户收取 25 欧元的管理费，1 年是 100 欧元，3 年是 300 欧元。3 年未使用银行卡，银行每月收取 10 欧元未使用费，3 年是 360 欧元，两项之和总计是 660 欧元，合计人民币 4950 元。3 年过去，我非但没有获利，反而还变成了负债。对于这些五花八门的规定，我的心情很不顺畅。可是转念一想，这点小事情何足挂齿。放下心中事，抬头向前看，前面有更加浪漫的海滩与唯美的落日霞光。

　　自从塞岛银行遭受欧盟的惩罚以后，银行接二连三更新政策，每3年要对账户进行一次更新，储户必须向银行出具一系列相关的原件证明，包括双认证的无犯罪证明、收入证明、工作证明、税后票据等，否则，账户内的资金将被冻结。如果存款或取款超过1万欧元，要向银行出具资金的来源和去向证明。因办理业务的人数较多，最近又出台一项奇葩规定，办理业务的储户必须提前预约，通常会被安排到2～3天以后办理。这些新要求给储户带来很大不方便。其中有些紧急业务，或者无法出具原件证明的客户，他们不停地向工作人员抱怨，并声称后悔来到这里。尤其是俄罗斯和乌克兰的很多储户，因近几年持续的战争，他们没有办法回到本国去申办相关证明，由此抱怨声不断。

　　去银行的这条主路，本来就是一段只有两排车道的上坡路。因路面重新修理，上面堆放着碎石子，很多地方都被放置了围栏，使得人们无法正常通行。据说这段只有十几千米长的路，已经修3年了，还没完工，预计还要再等两年。这种情况对于塞岛来说，是一种正常现象。前几年，去海边的那条主路，大约十几千米长，整整修了5年才完工。导致这种长期拖延的原因很多，一方面由于政府资金紧张，包工老板不能及时得到进度款，造成工期延误。最主要的还是因为工人少和工作效率低造成的。工人早上7点工作，12点休息30分钟，下午3点下班，周末和节假日正常休息。下雨天不工作，7月份因天气热，每天只工作几个小时，8月份最热的时段休假20天左右。工人没有绩效考核，干起活来慢悠悠，通常每月挣到1000欧元左右。工人少，是因为工地老板倾向于招收来自罗马尼亚和保加利亚这两国的工人，他们对工资要求不高，服从管理。当地的居民或者其他欧盟国家的工人几乎没有。

我们华人移居到这个国家，90%的人是为了孩子的教育。除此之外，还希望自己有机会找到一份工作，一家人在一起安安稳稳地享受轻松自在的生活。可是根据塞岛政策，华人必须具备很高的条件才允许工作。这让一部分华人无法接受，即便之前花费很多时间和精力，携家带眷千里迢迢来到此地，最后还是放弃了这里的居住权，又移居到其他国家。还有一部分华人，他们不适应这里的生活节奏，或者觉得这个岛国太小，不利于事业发展，以及个人存在语言障碍等不同原因，也陆续地离开了这里。剩下的一部分人留了下来，包括我。我的理由很简单，目标正确，初心不变，坚持向前走。只要女儿有机会接受优质的教育，开拓视野，健康快乐地成长，我们在一起，日子过得温暖且舒适。仅凭这一点，足以让我在此驻留一生。

至于遇到一些不顺心的问题，它们都不是问题。真正的问题是自己能够改变看待问题的角度，除掉固有的思想，松绑被束缚的观念，虚心接受新文化，学会适应新环境。语言不通，自己学；直路不通，绕道走；工作门槛高，抓紧时间提升自己，每天坚持几小时锻炼身体，坚持几小时读书和学习。正是在这段时间，我才得以沉下心来，静静地思考。我深深体会到家庭环境以及父母对孩子的养育方式，对孩子一生的发展起着决定性的作用。天下本没有坏孩子，只有不正确的教育方式。产生这些感悟，它为我第一本书的写作提供了信息和素材。在经过一年多的调查和论证，我完成了第一本书《心之所向，行而不辍——家庭教育漫谈》。

在塞岛，我来得不早也不晚，恰好它就在那里，深情款款地向我掀开爱的浪漫。它是美还是丑，我不在乎，只要它爱着我，我爱着它，这些所谓的不完美，才是刚刚好。因为它成就了我完美人生。这不正是上天赐予我的宝贵礼物吗？

人们都说："青出于蓝而胜于蓝。"我深信女儿一定比妈妈更加理性，更加懂得着眼于大方向，不计较小得失。人生路长，途中难免会遇到障碍物，应要仔细思考它的利与弊，并学会及时转弯。更不要因那些不足挂齿的小事，扰乱了平静的思绪。即便是再大的事儿，到了明天也是小事，到了将来也都成为故事。一念放下，万般自在。不恼怒，不抱怨，不完美才是生活的真面貌。世界原本就有乌云密布，有晴空万里。那些表面看起来光鲜无比的人，也会在某个方面存在缺失、不如意，或留有遗憾。其实这样才是最完美的状态。月满则亏，水满则溢。当月未圆，水未满，花未全开时，他懂低头，肯让步，不得意忘形。他总是会像老鹰一样，有自我改变的勇气和再次重生的决心，不怕万难奋勇前行，由此而成就辉煌人生。请原谅我的执着，我又一次想起那则激励人心的故事——鹰的重生。

老鹰是世界上寿命最长的鸟类，它的寿命可达 70 岁。老鹰在 40 岁的时候，它的爪子、嘴部开始老化，无法抓住猎物。此时等待它的是两种选择：一种是等死，另一种是获得重生。坚强的老鹰，会竭尽全力飞到山顶，在悬崖边筑巢。它先用自己的喙击打岩石，直到喙完全脱落。然后等待新的喙长出来，它再用新长出来的喙，把老化的指甲一个一个地拔掉。当新的指甲长出来后，它再把羽毛一根一根地拔掉。经历漫长的 5 个月以后，新的羽毛长出来了。老鹰重新获得了再活 30 年的生命，从此翱翔于天际。

晚安，女儿！

爱你的妈妈

22

与自己的欢喜相遇

亲爱的女儿：

　　每一个不曾起舞的日子都是对人生的辜负。这句话有着如临仙境之美妙，也表达出哲学家尼采对生活的无比热爱，以及对生命的极大尊重。起舞，并不是每日载歌载舞、娱乐消遣，而是在每一个平凡的日子里，能够与幸福相遇，与美好相遇。在世间纷扰、物欲横流的今天，做到不以物喜，不为形役，始终坚守那片宁静的初心，固守在这片诗意栖居的土地上，逍遥自在，欢喜无比。

　　之前隔壁居住的那对英国夫妇，他们看起来年龄在60岁左右。他们极其喜爱阳光，每天追着太阳跑。每到中午，当太阳离人们最近的时候，这对夫妇便会准时来到泳池边，各自躺在阳光椅上晒太阳。老妇人虽已年逾花甲，依然穿着鲜艳的比基尼，戴着太阳镜，手捧一本书，悠闲地享受着阳光的恩赐。她晒完正面，翻过去晒背面，再晒左侧面，右侧面，每晒完一面都要涂抹一遍防晒油。总之，每天晒 3 ～ 4 个小时，要将身体全部晒到位，晒成漂亮的古铜色。夫妻俩每天的生活很有规律，每到下午的时候，他们便会穿着休闲服装，各自背个背包去超市购物。每到晚上 7 点钟左右，夫妇俩像是参加晚宴一样庄重，坐在后院的餐桌两侧。明显看得出老太太经过一番精心打扮，脸上抹着粉底，涂着粉红色唇膏，穿着低胸的长裙。先生也很正式，穿着正式长西裤、衬衫，偶尔还会打着领结。餐桌上布置得很是讲究：一支正发着柔光的高台蜡烛摆放在餐桌的左侧，被熨烫过、没有一丝褶皱的餐布被压在餐盘底下，餐盘旁边有序地摆放着大小不同的刀、叉和酒杯。两人各自一盘食物，默不作声地享用着晚餐。偶尔会聊几句，说话声音很轻。整个晚餐下来都是那么温馨又浪漫。

虽说民以食为天，美食让人饱腹之余，还可以让遇见最美的自己。人生有许多美好的遇见，遇见老友，遇见知己，遇见美景，遇见新事物。然而最难得的却是与自己的欢喜相遇。经过岁月的沉淀，我迷上了自己，爱上了自己，只愿遇见喜欢的自己。不管我一天有多么忙碌，有多少的不愉快，我都会为自己留出时间和空间，哪怕只有一点点，哪怕是深夜。我用心地泡上一壶茶，静静地独享那一方的宁静。轻轻闻一闻茶香，身体的每一根神经，每一个细胞都好像被迷人的芳香沁润过一样，四溢绽放，悄悄地散发着淡淡的清香。一盏一茶、一杯一壶皆禅意浓浓、灵性十足，瞬间驱散我一天的疲惫，也除掉了扰人的烦恼。每当那一时刻，是的，只有那一时刻，我完全沉浸于自己，彻底地回归到最初的、纯真无邪的世外桃源。那一刻，我听见心灵的召唤，我触摸到它落下那甜甜的泪。

如今，生活里各种嘈杂的声音，有时吵得人们头昏脑涨。那些急匆匆的脚步，有时还来不及辨认、过滤，竟浑然不知地、悄悄地把心塞得满满当当。人生就是这样，生命不息，忙碌无休。一辈子总有说不尽的话儿，做不完的事儿，每天都会像机器一样不停地运转。而往往那些压力、焦虑都是来自那些嘈杂不断的声音，搅得内心无法憩息片刻。这些焦虑和压力，它们好像是灰尘，占满了内心，以至于找不到快乐的方向。

我希望女儿你一生快乐、幸福，在熙熙攘攘的人群中，能够舍弃一些没有必要的遇见，放弃一些无谓的约见。多抽出一些时间和空间，与自己独处，抑或与心爱之人在一起，共享一顿丰盛的美餐，品尝一壶香茶，登山，旅行……安安静静地乐享时光，感受生活的深度与温度。那是心与心的相遇，是两颗灵魂的相融，是遇见最美的你和他。

人，终是要归于自然。生来干净，走得虚无。找一点时间，寻一方净土，让心灵和思想静静地沉淀、感悟。在沉静中找到一条通向内心的路。世上本无枷，心锁困住人。只有找到了自己，读懂了自己，才舍得放下世间的得与失、恩与怨。轻轻地，稳稳地，静闻花香，听风语，领略溪水潺潺。让每一天都与最美的自己相遇，而心生无比的欢喜、幸福。

周末愉快！

爱你的妈妈

23

人算不如天算

亲爱的女儿：

很多年前，我在英国结识了 May（梅），她来自深圳。在我认识她的前两年，她和第二任丈夫移居到了英国，那时梅 36 岁，儿子 9 岁，儿子是梅和第一任丈夫之子。梅到了英国没几年，就和第二任丈夫分开了。梅不会说英语，依赖性很强，之前家里的日常琐事和孩子上学等问题，全部由前夫负责。离婚后的几个月，梅就认识了当地一位男士，名字叫 Jack（杰克）。杰克 60 多岁，已经退休，每月接近 3000 磅的退休金。杰克有两套房子，一套留给儿子住，一套自己住。杰克和梅，两人相处了几个月后，杰克就把自己住的房子租了出去，搬到了梅的家里。杰克和梅，两人处于 partner（搭伴儿）的关系，经济划分得也很清楚。梅支付每日三餐的费用，

杰克支付日常开销，包括水费、电费、网络费以及物业管理
费等，每月大概 500 多磅。刚开始，俩人像是相见恨晚似的
甜蜜，你情我爱的。梅时不时夸赞杰克有担当、素质高等诸
多优点，还曾邀请我和杰克，我们三人一起喝咖啡。每次梅
都表现得很示弱，话不多，很会把握社交分寸。一晃 6 年已
过去，两人矛盾重重，每次气得杰克去儿子家住 2～3 个星
期再回来。上次杰克又去了儿子家，梅说："那老头子又走了，
不回来才好呢，真是烦死我了。"

我说："你的小日子不是过得挺好吗，啥时候开始烦人
家啦？"

梅说："我整天生闷气，头发都白了。那老头子太抠门了，
给他脸吧，就得寸进尺。"她接着说道，"最好别回来了，
我现在一点儿也不怕他，反正他已经在律师那里写好了遗嘱，
也签了字，一套房子留给儿子，另一套房子留给我。"

我很惊讶，问道："遗嘱可以随时改的，他真的答应给
你房子啦？"

梅说："我已经忍了 6 年，再过几个月我儿子就去瑞士

读大学，我要和老头子谈判，要么领结婚证，要么分开。我还年轻，老头子都快70多岁了，一身毛病，谁还能要他？"

我说："领证？你和他能过一辈子吗？"
梅说："管他呢，过不了是他活该……"

梅又一次刷新了我对她的认识，又一次颠覆了她以往的无欲无求、贤惠的表现。我知道，梅一直打算着回中国，她根本不是真心爱杰克，也不可能和他共度晚年。梅之所以"忍"得头发变白，是因为她野心很大。在英国，夫妻离婚，男方要将退休金的一部分分给女方，女方每月都可以领到一些钱，直到终老。很可能，梅一直算计着杰克那一份退休金。

就因为英国的这项制度，让一些有偷心、有贼胆又离不起婚的男人格外遵守家庭规矩，否则，工资或退休金就要被分走。就像我认识的那位营养学专家安德鲁（化名），就是××书的作者。他现任的搭伴儿，来自法国，曾经离过4次婚，每次离婚，都能分走丈夫的一点东西。老太太很富有，每月有好几份的钱进账，一辈子养尊处优。我的脑海里情不自禁地画了个问号，究竟老太太哪里有迷人的魅力，竟然倾倒多位男士。偶然一次机会，我遇见她，我的眼睛瞬间一亮，真是百闻不如一见。那时她70岁，天呐，时光好像为她停留过，皮肤细腻光亮，紧致得像是被浆糊绷起来一样，眼角稍稍带有皱纹，整个人看起来格外雅致。安德鲁每月出版一张板报，对一款食物的营养成分进行详细的解析，并将食物的做法和图片一起附上。图片上的食物正是这位老太太亲手烹饪的，老太太还出版过一本关于美食方面的书。这不禁让我由衷地赞赏，更多的还是钦佩她超人的手艺和出众的才华。

还有一些表面看起来恩恩爱爱的夫妻，也有一部分是Partner（搭伴儿）的关系。这些男人警惕性很高，瞪大眼珠看紧自己这块肉，岂能轻易让出去？宁愿在一起搭伴儿十几、二十几、三十几年。当有一天日子过不下去，各奔东西的时候，女方什么也得不到。

不得不说，梅可是小瞧了迈克，他可不是逆来顺受，听之任之。他也一直在打着自己的小算盘呢。他在利用这个年轻女人服侍自己也好，还是过着和尚撞钟的日子也罢，总之，他俩各自都在盘算着自己的利益，占尽便宜作为眼下追求的目标。真心相爱对他俩来说难以触及，貌合神离的日子很难持续到天长地久，相互厮守。对于他们的结局如何，我已不感兴趣。领教过深藏不露的心机，已经足够。

人算不如天算。人在做，天在看。善有善报，恶有恶报，因果报应丝毫不爽。人做的每一件事，不是无人知没人见，每一步上天都帮忙记得清清楚楚。诚实正直的人，存善心，说好话，做好事，做好人。他与家人之间付真心、重情义。他懂得遵守自然规律，与人道保持一个平衡点，不与天地争巧，不与春争艳。如此通透的人生，怎会有怨升起，怎会有恨存于心中呢。偏偏那些自不量力的人，非得与自然对抗，妄自利用他人的仁慈，盘算着处处占尽人家的便宜，绞尽脑汁盘算着侵占人家的财物，这样的人，是自己挖坑自己跳，摔得体无完肤，还落得一场空。好比有些经商的人，生意刚有点起色，就起邪念动歪心，算计着赚取更大的利益，于是投机取巧，偷工减料。时间久了，人们都躲他远远的。有些人，赶上好机遇挣到一点钱，刚吃饱饭，就撑得忘了形。殊不知，这是埋下恶因的开始，注定要承受恶果，只是早与晚而已。

人于世间，明过暗过都是一天，应心怀坦荡，光明磊落，切忌谋划着利用不正当手段觊觎他人财物，也不可整天琢磨着掠取不义之财。古人曾说过："凶财凶入，必定凶出。"不劳而获暗中盗取，所得到的每一分钱，做过的每一件坏事，上天都会让他如数返还，甚至会附带灾祸。基于此，无论日子多么艰难，多么贫困，无论对方是个弱者，还是个傻子，都不要放弃自己的道德底线，也不要一次次冲破对方的底线。苍天有眼，饶过谁？再说，世上没有傻子，只有把他人当傻子的人，才是傻子。只有把他人当聪明的人，自己才是聪明。你说是不是？好的品德是根基，一辈子守住它，爱护它。财富、好运如同枝叶，根基稳固，自然枝繁叶茂，硕果累累，对吧！

　　祝好！

爱你的妈妈

24

有价值的投资

亲爱的女儿：

当下有的年轻人消费欲望强烈，出门打车，吃饭点餐，渴了去星巴克，购买各种潮流电子产品，追捧形式多样的奢侈品。只为欲望而消费，花钱阔绰。每月有限的收入，却在无限额地花费。本来有 5000 元的收入，非得购买 600 元的包；收入 8000 元的，便开始按揭买豪车，工资刚发半个月，就变成月光族。接着刷信用卡，手续费和利息累加得越来越多，最后便成了负债专业户。出现这种情况无不让人担忧。其中原因是没有节俭的意识，缺乏积累财富的常识，只图一时的满足感，却不为未来考虑。

随着时代的快速发展，科技不断更新，有些人眼下已有的赚钱机会不一定保证一辈子赚钱，应做好未雨绸缪。一方面强化专业技能，与时俱进。另一方面，做好足够的经济储备，确保未来能够满足一家人生活所需，以及为子女提供优质的教育环境。

这不仅需要付诸行动，还应有一份积攒财富的计划来约束自己，将每月的收入按照相应的比例存入银行。比例可根据收入的多少决定。如果每月收入是 5000 元，可以拿出 20% ～ 30% 存入银行；如果收入 1 万元，可以多存入一些，剩余的钱再合理安排支出。这样能够控制每一笔支出的数额不超标，减少没有必要的支出。储蓄是一个持续的过程，要坚持。当累积到一定的数额时，便有了资本让钱生钱。比如，每月拿出 1500 元存入银行，一年大约有 2 万元。5 年下来，就可以首付一套 60 平方米的二手房。每月赚取的租金用来偿还按揭。房子持有的时间越长，租金就会像河水一样源源不断，房价也可能在慢慢上涨。反复用同样的方法复制，10 年、20 年后，拥有的资产也就越来越多。这种方法很有效。

在 20 世纪 90 年代，我就习惯节俭，平日里几乎没有什么开销。衣服很少买，偶尔会买一件价格便宜的，每个月将节省下来的几百块存入银行，最多的时候能存上千元。几年后有了几万的存款。2000年初，那个时期的二手房价格每平方米一般在1800到2000元左右，我通过中介花了12万买了一套靠马路边的60平方米的两居室的二手房，付了30%的首付款，做了按揭。房子的北面是五爱市场，西面是文艺二校，每月租金是600块。房子距离五爱市场比较近，做生意的人都愿意在这个区域租房，也带动了房价和租金上涨。虽然只涨了一点点，但是每月都能收到租金。过了几年后，五爱市场扩建，从外地又吸引来很多从事商品批发的商户，再加上文艺二校教学质量不断提高，类似小面积的房源也变得紧缺，房价很快涨了一倍。随即我把房子卖了，赚了一笔钱。紧接着用这笔钱买了一套老旧的二中学区房。二中是重点高中，只有片区落户的孩子才能就读。它周围的房价偏高，让很多家长望而却步，只能买老旧的房子落户。我一边出租一边寻找需要落户入学的买者。后来我以高价卖掉了房子。

在那个年代，国家没有限制购房的政策，也没有出台房子不足2年、5年的额外征税措施，银行也鼓励大家多买房多贷款，房贷利率也很低。我便抓住了这个机会，在中介的引荐下，买来低价房，一边出租，一边出售。虽然利润不大，但是同样的一天24小时，我会收到多份的收益，成为一道生存的保障。2007年，听一位朋友说股票市场在十多年前遭遇了崩盘后，正在恢复期，逐渐开始复盘，由暴跌后的 1800 点已经上升到 2000 多点，很多人都在买卖股票赚快钱。我和朋友之前都没有涉猎过这个行业，便挖门盗洞认识一位颇有经验的理财经理，让她推荐买一些稳定型基金产品。刚开始，理财经理帮忙操作，放短线，勤买快卖，赚取一些利润。由此我尝到了甜头，也学着看涨势曲线图。当大盘在 2600 点的时候，我和朋友各自又买了一些基金产品。大盘持续上涨，很快飙升到接近 4000 点。朋友乐得像开了花儿似的，将手里面的积蓄全部买了基金产品。等到了 5500 点，大盘开始倒转，急剧下降，速度很快，甚至一天下降几百点。我在犹豫不决中还是将持有的所有基金全部抛出，幸运地赚到了一笔，我转手买了两间商铺，用每月收来的租金，再继续复利。朋友不甘心抛掉持有的基金，她推测大盘还会回升，继续上涨。谁也没有预料到，大盘很快又回落到 2000 点，朋友投入的资金也从赢利变成亏损。

居安思危，思则有备。平日里多积攒一些存款，为日后的生活做足准备。有了存款，才有资本抓住赚钱的机会。投资是一门学问，要选对方向，切记不要盲目投资，也不要跟风从众。最好投资一些看得见、摸得着、掌握在手心里的资产，房子和土地都是可靠的投资。买入就要长期持有，不到生死攸关、万分紧急的情况下，不要卖掉它。假设它的价格下跌，至少它能保证几代人有房住，有自己的家，或用租金维持日常花费。房子是抗通胀的好产品，它不同于现金，越来越贬值。房子是保值或增值的，一旦卖掉，钱很快花光了，而房子很难再买回来。俗话说，鸡蛋不能放在同一个篮子里，要分散投资。其次可以投资一点稳定型的理财产品。虽然它的收益很低，但是紧急用钱时方便存取，每月也有稳定收益。不要去投资那些波动幅度大，风险较高的产品，类似股票、期货等，这类产品适合于金融专业人士操作。

俗话说："机会是为有准备的人而准备"，那些成功者，他们勤劳、勤俭、勤学，他们善于积累资本，做好知识储备。他们机智灵敏，只要商机初露头角，便如一只蓄势待发的鸢，箭一般扑向前，一爪钩住决不放松。李嘉诚14岁时在茶楼当跑堂，后来到了一家生产塑料桶的厂子当销售。他工作勤奋刻苦，每天都能拿到很多订单。22岁那年，由于香港经常停水，家家户户都买桶储备水，这时李嘉诚拿出自己的储蓄，与叔叔联合开办塑料桶厂，赚取了人生的第一桶金。不得不说，成功源于他善于运用口袋和脑袋，才有机会抓住这个特殊的时代，从此变成了富人。

投资是一种策略，要谨慎。我除了做有形的投资外，还做无形的投资——大脑。我为大脑花费的时间、精力、财力远远大于我个人物质消费。我宁愿穿百元的 T 恤，也要买万元的课程。我持续地为大脑补充营养，注入能量。我体会到，它是一项回报率最高，最有价值的投资，它带给我享用不尽的精神财富，也让我活得简单、快乐。2002-2004 年，我在沈阳理工大学中加联合学院学习全日制商务专业，我体验到西方教育理念，也领略了加拿大老师的游学思想，以及教育模式的灵活性、新颖、多样性。两年后，同学们都去了加拿大继续完成学业，我因舍不得家人，便放弃了这个难得的机会。从此，我明白天下万物皆有其位，人没有贵贱、卑微之分，要待人平等，尊重每一个遇见的生灵。2006 年，我参加世纪英才举办的 EMBA 和 MBA 课程学习，这是与清华成人教育学院联合主办的企业家学习课堂。我有幸听到了清华客座教授的实战案例，有机会坐在名师讲堂上，近距离学习企业管理知识。在课堂上，我像是一块风干的海绵，竭力地吸取水分，专心地记着笔记，全身心投入到学习中。本来我报名的班级每月只有 2～3 天课程，学习时间为两年，而我几乎是每周都去听课，只要有讲师来，不管是其他班级的课还是论坛，我都会早早地来到课堂上，抢先占到前几排，以便听得清楚、专注。转眼两年结束了，我对学习的热情越发高涨，劲头儿意犹未尽。紧接着，我又延续了一期。

　　这一听又是三年。这项投资，开阔了我的视野，提升了认知，让我第一次听到企业管理中的红海战略和蓝海战略。我深信，一个人，不管他的出身如何，不管经历过怎样的坎坷，只要坚持不懈地潜心钻研一门技能，学精，学透，一定能在行业内做出一番成就。2007 年，我读了一位老师推荐的崔仁浩之著作——《商道》，故事主人公林尚沃借助于佛道、哲理，融会贯通于商道、商术之中，他的经商之道，每时每刻无不渗透于佛理之中。当他抛弃妄念，彻底戒掉欲望时，他才得以一次次脱离危机，从险境中解脱出来，成为前无古人后无来者的商佛。在这之前，他曾突然销声匿迹，偷偷地来到秋月庵，与世隔绝，与前世断缘，专心修道。两年后，当听说母亲依靠乞讨为生时，他偷偷地下了山，躲在自家的墙后面，偷偷看望母亲。时光在母亲那里如同跨过了两个世纪，母亲已老得像一只不能直立的猿猴，满头白发，驼着背，眼花耳背。她移动着步伐，到井边将儿子的衣服洗得干干净净，浆得板板正正，她一直希冀着儿子突然从哪里冒出来，再穿上干干净净的衣服……

　　慈母手中线，游子身上衣。年迈老母亲对儿子无尽的思念，这份难以割舍的骨肉之情，真是让人肝肠寸断。

钱要用在刀刃上。买一些课程学习是回报率最高的投资，它是一次性投资，一辈子受益无穷。可以学习一些理财课程，掌握投资策略，确保有限的资产达到合理的配置；学习法律常识，避免发生一些经济纠纷，确保资产不被缩水。学习健康知识，它是生命之源泉。

人生的前半段要学会生活节俭，学会延迟满足，做好积攒钱，守护钱。当退休以后，依然能够有多份的收入，可以尽情地环游世界，过着乐享无忧、躺赢的日子。即便在老去的那一天，也会给家人留一道安全的生存保障。

再叙！

爱你的妈妈

每一朵萱草花

都写满了延绵不绝的母多深情！

25

夫妻同心，黄土变金

亲爱的女儿：

家是一个小团体，企业是一个大组织，两者除了工作内容有差别，它们的经营理念是相通的。公司要想做强、做大，需要员工齐心协力；家庭想过得稳固、和谐，需要夫妻两人共同承担和付出。只要两颗心拧成一股绳，劲儿往一处用，日子会越过越富有，泥巴也能变黄金。

上周我和一对夫妇聊天，让我感触甚深。这对夫妻从事室内装修行业，如今生意做得生气蓬勃。30 年前，丈夫林先生在一家民营装修公司负责现场管理，后来辞职成立了一家劳务输出公司。针对一些装修公司遇到人员紧缺，林先生会派出相关的专业技能人员给以援助，从中赚取管理费，同时自己也承揽一些施工项目。公司技能人员不仅配备齐全，而且他们专业水平过硬，很能迎合市场的需求。包括水暖工、油工、瓦工、木工等。随着公司规模不断扩大，生意也做得风生水起。林先生负责主材采购、与客户对接以及现场管理。妻子负责项目预算和财务。夫妻俩携手合力，事业兴旺发展。

偶然一次机会，林先生之前的公司老板中标了一个房产开发商精装房装修的项目，因之前项目投入的资金没有及时回款，老板接到项目后，资金短缺，没有能力承接，林先生便从老板那里分包过来。最初，周围没有一个人看好林先生，不相信他的技术能力和经济实力能够完成这么大的项目。林先生毅然决然接过项目，和妻子齐上阵，各司其职，最终项目在合同规定的日期内顺利完工，质量也得到各主管部门的认可。公司经营得如火如荼，讲诚信重质量，项目越来越多，如今员工已达到200多人。林先生常说："企业能走到今天，是我们两人共同的努力，我和妻子两人共同的努力，是好的搭档，缺谁都不行。"妻子说："一个会干，一个会算，都得干，都是为了这个家。"他们的表达朴实，一股脉脉的温情，流露出对彼此的赞赏和无限感恩。他们夫妻俩恩恩爱爱，丈夫对妻子的爱称是"他妈"，妻子称丈夫"他爹"，夫唱妇随，琴瑟和鸣，令人羡慕不已。

　　还有一对夫妇，家庭企业做得蒸蒸日上。有一段时间，妻子去北京照顾孙子，丈夫一人对公司的事情应接不暇，一边负责外部事宜，一边忙于内部管理。逐渐地，公司的盈利状况有所下降，支出的成本大幅增加，有时因资金紧张，员工工资无法及时发放。眼见公司向下滑坡，日子难熬，不得已之下，丈夫请回了妻子，安排妻子进入公司负责财务管理。妻子像包公一样，整天黑着脸、闭着眼，铁面无私不留情面，严格把关每一笔支出和采购成品，亲自去现场监查。很快缩减了一些没有必要的浪费。对一些采购价格比较高的商品，重新做了市场对比，调整价格。个别高层管理人员，他们是公司的元老，从公司起步就一起跟着创业，他们与客户勾结，私自侵占公司财物。妻子查明后，果断地劝退了他们。很多问题，夫妻俩因意见不一致，而产生矛盾。妻子态度坚决，说道："他们都能想着坑我、害我，我为啥给他留情面哩。留了面子，人家背地里还得说我是个大傻子。"虽说意见不统一，但目标是一致的，都是为了挽救公司，不存在谁有私心，意见很快都能内化。丈夫集中精力抓外部，妻子负责内部管理。两年的时间，公司转危为安，赚到了相应的利润，也陆续还清了一些外债。

　　从创业到经营，再到守业，能够相互陪伴，共渡难关的那个人，一定是自己的另一半。归根结底它不会出现因利益分配上的不均而产生矛盾，也不会出现哪一方暗算着自己的利益，彼此各存心机。夫妻核心，就是合力。同心合力，万事兴旺。丈夫是顶梁柱，妻子是贤内助，两人携手拧成一股强大的力量，如同锋利的宝剑，斩金断铁，无往不胜。

我身边还有一对这样的夫妻，他们两人一起创业开夫妻店，经营电子产品。逐渐地，小店变成连锁店，零售变成批发，员工发展到好几百人，每年纳税达到几百万元。夫妻俩各有分工，丈夫负责做好抓钱的耙，妻子负责做好管钱的匣。两人感情如胶似漆，事业红红火火。

这样的男人，他们是模范丈夫，是成功的企业家。他们骨子里都闪耀着相似之处，不忘初心，同甘共苦。他左手是对妻子的爱，右手是重于泰山的责任和担当。富贵也好，贫穷也好，他始终都会牵着她的手，不离不弃，守护着心尖上的这块珍宝。它是担当之美，是爱之美。知遇之恩，报之以李。在平淡的日子里，长相厮守，给予一辈子的温暖。是啊，有你就温暖，暖得像七月的风，八月的光。

正如企业家楼仲平说：我事业发展到今天，没有夫人陪着，一定不会走到今天。我们夫妻俩几十年一路过来，一起跑江湖，打天下，一起闯荡一起创业……"楼仲平不仅仅把企业做得又大又强，还把家庭经营得和和美美。他是智慧之人，是感恩心十足之人，是品德至高无上之人。老话说，"亏妻百财不入，亏孝百事不顺。""糟糠之妻不可弃。"一个家庭的和睦、昌盛，也是衡量一个人品行的标准。那些客妻男（就是自以为有本事，只顾自己在外玩得好，吃得好，只顾自己享受的人），他们的财气、运气不会好到哪里去，只会越来越糟糕。

人间烟火味，最抚凡人心。一位烟火气十足的丈夫，他爱家庭，爱生活，他眼中的妻子是最美丽的。百年修得同船渡，千年修得共枕眠。今生的相遇来之不易，且行且珍惜！

祝好！

爱你的妈妈

26

双面人生

亲爱的女儿：

有一亲戚，老夫妻俩在沈阳有两套房子，一套自住，一套出租。后来，夫妻俩去了南方儿女家帮忙照顾孩子。几年后，老夫妻习惯了南方的气候和当地的风土人情，便通过房产中介将沈阳自住的那套房租了出去。合同签的是 3 年，房租每月 2200 元，每半年支付一次。头一年，租客按时支付了房租。第二年，租客开始拖欠。老夫妻多次与租客联系，催缴房租，仍然无果。再后来，租客明显耍无赖，不给钱、不搬走，理由是找不到工作交不起房租。无奈之下，老夫妻向我诉说了让人气愤又头疼的事。我在想，房主年龄大了，又离得那么远，怎样解决问题，把无赖租客轰出去？在没有获得租客允许的情况下强行进入，擅自将租客的物品扔出去，房主会被指控为非法侵入。

于是，我向附近的几家房产中介请教，他们说这种情况存在，但是很少能遇到，并分别给了我建议。有中介说，可以尝试找小混混和租客商谈，再报停取暖。这种办法虽然速度快，但是遇到这样的无赖也未必有效。有中介说，让房主每天去租客家"做客"，去租客上班的地方"聊天"。这种办法针对上班的人有效果。担心有些租客搬走以后，可能会报复房主，最后一招只能花钱请律师去法院立案。从发函，开庭，审理，判决，一套流程走下来，要等一年半载。期间，房主拿不到房租，产生的物业费房主要正常缴纳。曾经遇到一个租客，意破坏屋内设施和墙面，最后房主自己花钱进行了修理。

我四处打听，不断地询问朋友如何处理这样的难题。后来，经朋友介绍，我认识了一家房产中介生意做得很好的老板，他叫阿涛。于是，我来到他的店里，和他聊了一会儿。阿涛做这行业已经 15 年了，现在也有几套房子在租售。初次与他见面，我感觉他很年轻，处理问题却很老练，心态也很平和，没有那种唯利是图的感觉，也没有明显表现出对金钱那种狂热的追求和急切的渴望。他自律性很强，每天下班后通过视频课程学习佛法。他的处事观点吸引了我。第二天，我来又到他的门店。我说："你很年轻，却很豁达，是什么让你有如此高的境界？"阿涛说："我老家在农村，以前家里经济条件不好，我读书少，就想出来多赚点钱。早些年，我卖过保险，当过电话销售员、搬运工。那时年轻好胜，做事极端，不顾及对方的感受和脸面。一次因为遇到无赖租客，我找来几个社会小混混帮忙，将租客清走。没过多久，搬走的租客带着同伙，来到阿涛的住处，用砖头将我的车体全部划出深深的划痕。不止这一次，因为和租客发生的不愉快，让我吃了很多亏，付出了很大的经济代价，物质方面也遭受了损失……"阿涛讲起了他所遭遇的无数次挫折。每次遇到挫折后，他检讨自己，从中反思，不让同样的错误再次发生。后来，他在租房时，只租给经济收入稳定的客户。宁愿房子空置，也不招惹麻烦。他不与人结仇，不用过激手段。在金钱与生命的价值之间，他懂得利与弊的权衡，敢于取舍。在我俩的聊天中，我感觉得到他的坦然和真诚。看得出来，他是经历了磨难，遭遇了挫折后，才得以对人生有了深刻的感悟，由此内心越发豁达、平和。一个出来闯天下的年轻人，依靠自己的努力，一次一次地战胜挫折，不气馁不消极，善于总结经验，吸取教训，一步一步将事业做得稳步发展，的确需要坚强的毅力、优秀的品质和忍耐力。

　　人生不是如心所愿，它是皆得所愿。所遇到的，都是有两面性的。遭遇的苦，撞过的南墙，都是为了等待福气、好运气的到来。一切的磨难，都是为了迎接璀璨的宝石，就像被海浪拍打过的岸边上，随处可见晶莹剔透的细沙，坚实、光亮。

　　祝好！

爱你的妈妈

27

同声相应，同气相求

亲爱的女儿：

生活中有时关系很好的两个人，走着走着却散了。而有些人之间，虽然没有过多的交往，却心意相通。正所谓同声相应，同气相求。如果两个人的认知、三观相同，那么，两者自然能相互吸引，产生共鸣。否则，无论一方怎样用心去做，另一方总会有不同的看法，搞得双方都很为难。这不能说谁对谁错，孰好孰坏。这种现象出现于各种关系中。比如，在企业中员工很珍惜自己的本职工作，一直埋头苦干，而老板时不时地旁敲侧击表现出对员工的不满，挑剔员工干活少拿钱多。反过来，老板对员工善解人意，想办法贷款发工资，而员工却自以为能力强、技术高，摆出一副"此处不留爷自有留爷处"的态度。老板和员工的角度不同，各自都有委屈和想法，引起企业人员流动较大。朋友之间相处也是一样，往往之前在一起无话不谈不分你我。后因多年没有见面，乍一见面彼此亲切的感觉仿佛又回到当初。聊上一会儿，便觉得无话可说，他们都有同感，好像火遇到了水，天地难相逢的感觉。

每个人都愿意找到与自己同频共振的人相处。他们相处起来比较轻松，不需要刻意去迎合一方，不需要过多的言语便可心领神会。比如，女孩子希望嫁一位高富帅、高学历、懂得爱的男孩子，那么，这个女孩子自身应经济独立、思想独立、学识丰富，她才能与一个优秀的男孩子相匹配。同理，一个优秀的男孩子也愿意找一个与自己思想有共鸣，精神平等的女孩子。谁也不愿意找一位比自己节奏慢的人。就好比是一起打羽毛球，和自己球技水平相当的队友一组，能够珠联璧合，配合默契。与水平低的队友一组，彼此无法配合，打得一团糟，配合三个月，自己的球技不升反降。谁还愿意与一个比自己水平差的人共处呢？

我们不难发现，那些在商界叱咤风云的成功者，他们身边都有一位与自己能力相当、精明干练的贤内助。首富李嘉诚，他的妻子庄明月，毕业于香港大学，博学多才，能力出众，精通多种语言，成为李嘉诚事业的坚实后盾。林氏集团董事长林宁，王健林的妻子，她才华与才貌并存，具有巾帼不让须眉的气度，与丈夫强强联手，共同成就了万达的辉煌。

一个才华出众的女人，她不一定要有倾国倾城的容貌，但她一定素养高，才智非凡。她能调制羹汤，蒸食煮饭，又能在社会中独当一面。她思维敏捷，圆润通达，她与丈夫是知己，是师徒，是战友。两者棋逢对手，并有着天衣无缝的默契，如同璞玉遇见了雕琢师，伯乐遇见了千里马。她兴旺了丈夫的事业，也兴旺了自己的人生。她和普罗众生一样，通过后天不断的打磨，才变得熠熠生辉，光彩照人。

一个人，她光有聪明是不够的，要用心感悟，心灵觉醒，最终修炼成一种超凡脱俗的智慧。成大事者靠的是智慧，她对世事有着更深层的洞察和了解。而没有智慧的聪明则是小聪明。一个智者，她善于在生活中积累经验，在事业中修炼内心，从书籍中领会人生。当聪明与智慧双全，也就进入了人生云端。

人来人往，来去匆匆，时间是最好的诠释。留下的人都是与自己心意相通、彼此知冷暖、懂伤悲的人。与不同路之人，即便是乍见之欢，或万般不舍，也只不过是浅浅遇见，终将擦肩而过。谁去谁留，皆由你决定。

祝好！

爱你的妈妈

28

如果不爱，请不要伤害

亲爱的女儿：

"如果我们能够将自身的认知范围扩大到其他的动物上，我们就会发现，人类并不是这颗星球上唯一一种在日落的壮丽景观中，感到喜悦的生物。"（《我的灵魂遇见动物》）

每次读到这句，我的心就像被针扎得一样疼痛，油然而生出无尽的自责和深深的歉意。我体会到了动物的情感和母爱的伟大。很多时候动物的情感比人类更加纯粹，无不令人动容，为之震撼。

之前我不喜欢小动物，看见它们都会躲得远远的，生怕弄脏了我的衣服。塞岛的猫格外多，无论是在海边还是小巷子里，流浪猫随处可见。政府出资在各个区域指定一个饲养员，每天下午固定时间到猫聚集的地方投放猫粮。每到一处，饲养员在地面上撒上一堆儿一堆儿的猫粮。一些个头比较大的公猫很霸道，它们独占一堆，不让年幼的和老实的猫靠近。等它们吃剩了，再用爪子抓挠食物四周的地面，留下气味，暗示此地是自己的地盘，容不得被侵占。那些抢不上食物的猫，只能眼巴巴地蹲在周围看着，等大猫离开后，它们再围上去大口地吃，边吃边警惕地向四周看，生怕大猫扑过来咬自己。猫之间出现了两极分化，大猫吃得肥头大耳，弱势的猫饿得饥不择食，骨瘦如柴，它们只能去垃圾箱里找食物，或者嗅到谁家做饭的香味，就蹲在门口等着。

有几只猫经常来我们家后院，一看到它们，我就捡起小石头打在栅栏上吓唬它们。它们敏捷地快速逃跑。最近有一只大黑猫，长着一双又大又绿的大眼睛，频繁地从栅栏跳到院子里。我一边喊："去，不许过来"，一边捡起地上的小石头朝它扔去。它一看见我哈腰，就迅速地逃跑了。有几次好像是打到了它的身上，速度太快我不能完全确定。可是过了一小会儿，它又鬼鬼祟祟地来了。一连几天都是如此。我突然感觉到了什么，向靠立在墙边的床垫子看了一眼，床垫子外面有个很大的塑料罩子，它和床垫子间有很大缝隙。我心想，是不是有蛇藏在里面呢？我毛发竖立，心惊胆战地拿起拖把杆，轻轻地触碰了一下塑料罩子，感觉软软的。我冒着一身冷汗，缩缩瑟瑟地用拖把杆挑起了一个角，天呐，差一点吓死我，一团黑猫崽儿正蜷在一块。瞬间我明白了，挨打的那只猫是猫妈妈，不知什么时候躲在罩子里产下孩子。我小步跑到保安室，请求他们帮忙安置。两个保安把塑料罩子移走，将蠕动的小猫崽儿放到纸盒箱里，安放到栅栏外侧一棵挡风遮雨、通风好的大树底下，放上猫粮和水后，我们离开了。

整个过程，猫妈妈一直在远处眼巴巴地瞅着。接下来的几天，我去送食物和水，猫妈妈把孩子藏在了身后，自己站在最前面，眼睛直直地瞪着我，弓着腰，好像做好了随时攻击我的准备。我曾听说，猫妈妈不让别人碰到她的孩子，如果觉察有人靠近时，它会先将孩子吃掉，也不让孩子遭到他人的伤害。我不敢靠近，只能小心翼翼地将食物和水轻轻地放在离它两米远的地上，然后慢慢地向后退，不敢惊吓到它，担心它做出过激行为。

猫妈妈有时只吃一点点食物，或经常滴水未动。我想，也许是产后身体比较虚弱，难以进食；也许是它宁可忍饥挨饿出外找食，也不想吃我送的食物，害怕我伤害它的孩子。后来连续四五天我没过去。一天下午，保安过来告诉我，猫妈妈死了。问明事因后，我得知，最近业主反映猫太多了，园区派人在很多地方投放了毒药，恰恰猫妈妈吃到了毒药。它觉得自己命在旦夕，便吃力地往回跑。可惜的是，仅在离家几步远之外，还没等看到孩子们，就倒在了地上，再也没有起来。我心如刀割，后悔不已。我一遍遍地痛骂自己，如果我坚持去送食物，它可能不会外出寻食；如果我不拿石头吓唬它，它可能就会吃我送的食物……可是，一切都晚了。

我不敢触碰小动物，保安将小猫崽儿放到盒子里，我开车，将它们一起送到了动物救助站。一路上，猫妈妈的形象清晰地萦绕在眼前。它为了守护孩子，一次次遭受我的呵斥和挨打。害怕我伤害到孩子，竟然拒绝食物。为了保护孩子，一动不动坚挺地站在前面，随时做好以身护子的准备。我惭愧不已，反思了自己的过错，备好了猫粮，遇到再来的猫就给它们喂食。

　　人类和动物一样，都有着深厚的情感和崇高的母爱。人类有 6000 多种语言，动物之间也有独自的语言和爱的方式。它们一代接一代地繁殖，有快乐，有眼泪，更有难以割舍的情感。它们以不同的形式将母爱的伟大诠释得淋漓尽致。在危机面前，在生死攸关的时刻，宁愿牺牲自己，上刀山下火海，在所不惜。

　　母爱是世间最圣洁的爱，是世间独一无二最坚韧的爱。它根植于血液里，是深藏在基因里的一股最强大的力量。一天，鹿妈妈和两只鹿宝宝在玩耍，有 3 只猎豹从远处跑过来，鹿妈妈的奔跑速度可以轻松逃掉这次杀戮，但是它为了让两个宝宝有机会活下去，勇敢地选择了原地不动，任猎豹大口大口地撕咬，眼神坚定地眺望着向远方逃去的孩子，即使下一秒被四分五裂，也义无反顾。鹿妈妈无私无畏的精神感天动地，作为人类还有谁不为之感叹呢？

　　动物们以很多种不同的方式表达爱，可能是一种拥抱、一种对视、一声长啸。意大利诗人但丁说："世界上有一种最美丽的声音，那便是母亲的呼唤。"在西部的青海省一个极度缺水的沙漠地区，这里，每人每天的用水量严格地限定为 15 千克，这还得靠驻军从很远的地方运来。日常生活用水包括喂牲口，全靠这 15 千克珍贵的水。人缺水不行，牲畜也一样，渴呀！终于有一天，一头一直被人们认为憨厚、忠实的老黄牛渴极了，挣脱了缰绳，强行闯入沙漠里唯一的，也是运水车必经的公路。老牛沉默地立在车前，任凭驾驶员怎么呵斥驱赶，也不肯挪动半步。后来，牛的主人寻来了，扬起的鞭子狠狠地抽打在它瘦骨嶙峋的背上。牛被打得皮开肉绽，可就是不肯让开半步。鲜血沁了出来，染红了鞭子。老牛凄厉地哞叫，和着沙漠中阴冷的风显得分外悲壮。运水的战士哭了，最后说："让我违反一次规定吧，我愿意接受处分。"他从水车上取出半盆水放在老牛面前。出人意料的是，老牛没有喝以死争来的水，而是对着夕阳，仰天长哞，似乎在呼唤什么。只见不远的沙堆后面跑来一头小牛，受伤的老牛慈爱地看着小牛贪婪地喝完水，伸出舌头舔舔小牛的眼睛，小牛也舔舔老牛的眼睛。默默中，人们看到母子眼中溢出了泪水。没等主人吆喝，在一片寂静无语中，它们掉转头，朝着回家的路慢慢地走去……

一位出家人曾讲过这样一则故事。他在未出家前是个猎人，专门捕捉海獭。有一次，他一出门就抓到一只大海獭，等剖下珍贵的毛皮后，就把尚未断气的海獭藏在草丛里。傍晚时，猎人回到原来的地方，却遍寻不着这只海獭。再仔细察看，才发现草地上依稀有血迹，一直延伸到附近的小洞穴。猎人探头往洞里瞧，不禁大吃一惊：原来这只海獭忍着脱皮之痛，挣扎回到自己的窝。等猎人拖出这只早已气绝的海獭时，才发觉有两只尚未睁眼的小海獭，正紧紧吸吮着死去母亲干瘪的乳头。当这位猎人看到这一幕时，身心受到极大的震撼，他从来没有想到动物会有这种与人类完全一样的母子之情，临死还想着给自己的孩子喂奶，怕自己的孩子饿了。于是，他放下了屠刀，不再当猎户，出家修行去了。

我无法不为这些故事而感动，也无法不为那鲜为人知的母爱而落泪。生命皆平等，上帝所创造的一切生灵，皆是世间万物的一员，同样有着受到保护的权益。保护每一个小生命，是人人应尽的义务和责任。善待小生命，是善良人性最基本的一面。作为一个有慈悲心、怜悯心之人，不要去伤害它们，不要为了满足一时的口腹之欲去屠杀，哪怕再美味的天鹅肉，再难寻的飞禽，都不要去食用。如果那样，他吞下的不是美食，是欠下了生命的债。那些性格变态的人，故意买回来小动物，当作自己宣泄怪癖，或发泄脾气的出口，残酷地虐猫、暴狗、杀鸡、压扁小兔子。如果不爱，请你也不要伤害，好吗？请住手吧，它们也是有血有肉、通人情、知疼痛、懂冷热的一个个活生生的生命啊！

万物皆有灵性，善待每一个小动物，保护每一个小生命，如同是在保护自己，善待自己。

祝愉快！

爱你的妈妈

29

找到自己的价值

亲爱的女儿：

对于夫妻来说，日子过久了，初始的那份浓烈的爱情也慢慢变成了亲情，双方逐渐地也成为了合作伙伴。相互合作彼此成就对方。夫妻关系的稳定、持久的维护，它需要爱、包容的支撑，它还需要经营这份关系的能力，还有思想上、利益上的对等。这份关系也可以用一杆天平去称量，当双方各自的价值和重量对等时，天平会保持在平衡稳定的状态。如果重量不对等，则出现高低波动，容易导致天平失衡造成摩擦力增大，这份关系的摆动幅度也随之增大。它像经营不善的企业，将会面临着解体、倒闭的危机。

俗话说，一日夫妻百日恩。有时候夫妻关系不得不从商业角度来衡量。对于解体的婚姻，对于趋利弱义的一方，包括男方、女方，他／她翻脸比翻书快，他会权衡谁能为他带来利益，谁对他有用，他／她则会靠近有用的那一方。比如她的美色、金钱、社会资源。这些利益对一个现实主义者来说，有着无法抗拒的诱惑力，支配着他行走于其中，带动他去衍生情爱。出现这种情况，尤其是女人，最容易犯的错误是一哭二闹三上吊，死缠烂打，或者还掏心掏肺指望换取他的怜悯，把自己弄得很卑微。

这样的傻女人啊，是没有觉醒，没有看透自己，也没有看透人性。她不知，卑微替代不了自身的价值，眼泪提升不了自身的本事，委曲求全的婚姻不会开出幸福的花，除了伤痕累累，再无其他。利益是一根救命草，也是一把害人刀。当俩人没有共同利益牵扯在一起，很容易变成一潭死水。假设俩人的利益紧紧拴在一起，即便是各怀鬼胎，甚至分道扬镳，也还是很大概率再走到一起。不难看出，在利益面前，人性是自我的。当失去利益时，人性往往是恶的。

著名诗人徐志摩，在父亲的安排下，与张幼仪结婚。虽说张幼仪只有小学三年级文化，但是她从小学习三从四德，出身名门世家，与徐志摩称得上门当户对。徐志摩从欧洲留学回来，他瞧不上张幼仪，把她比作是"乡下土包子"，并用"小脚"和"西服"来比喻俩人的差距。面对徐志摩的冷漠与疏离，张幼仪默默忍受着，还为徐生下两个孩子。徐志摩恋上林徽因，并坚决提出与张幼仪离婚。面对徐志摩的决绝，张幼仪没有责怪，也没有抱怨眼前这个无情的"多情种"。更是无怨无尤地接受了命运的安排，忍痛成全了徐志摩渴望的"那一春"，从此离开了这个"多情种"。离婚后的 5 年，张幼仪脱胎换骨从海外归来，她先在东吴大学教德语，后又出任上海女子商业银行副总裁，创下金融界奇迹。与此同时，还担任了云裳服装公司总经理。她通过自己的努力，实现了涅槃重生。

改变一个事实很难，更不可能改变他人，只有改变自己最容易，也是最值得。忘掉过往的痛、错、爱、恨，这一切所曾经历的，都是可以原谅的。原谅的是能够从中反省自己，有所觉悟，不要再留给第二次伤害自己的机会。

智者不入爱河，愚者被情所困。眼下要做的是加大自身筹码，提升自我价值，努力让自己有足够的热量。那时，才有能力温暖身边的人。嗯，还有，看管好自己的钱袋子，有钱比没钱有更多的选择权。至少在跌入低谷时，还能抓住这根救生草，去开启一片更广阔的新天地。

祝好！

爱你的妈妈

30

感情的忠诚

亲爱的女儿：

恋爱的两个人，如果相处起来不和谐，或是觉得对方不合适，应果断决定，趁早结束两人的相处，避免投入过多的时间、情感，最终耽误了自己，也辜负了对方。感情是两个人的事，不可贪多。如果无原则地贪婪，这份感情就会变了。夫妻亦是如此，彼此要做到爱情专一、感情忠诚，才能利好于双方。如今社会，随着经济水平的提高，人们对婚姻忠诚度有所降低。其中与婚外情密切相关，乱搞婚外情的人，随心所欲，拿婚姻当儿戏，对家庭不负责任，被淫性乱情冲昏了头，只管自己快活。却不知，世上没有不透风的墙，迟早会露出真相。接下来的就是婚姻关系破裂，或离婚。给孩子和家人带来难以弥补的伤痛，生活弄得一片狼藉。

　　上周小娟约我出来坐一坐。等我来到咖啡吧时，小娟早已坐在一间包间里等我。看到她素面朝天的，我问道："你这是怎么啦？看起来好像失眠了，啥情况？"我这一问，小娟先是一副尴尬的表情，接着便讲起了她的处境。4年前，因工作往来，她认识了同行业一位已婚男人。一来二去，除了工作上的往来两人联系得越来越频繁，关系也从同事变成了情人。这个男人是部门主管，有点小权，对小娟很体贴，嘘寒问暖的，每天打卡式问候"早安""晚安"。随着感情的升温，两人偶尔出去"开小差儿"。正当小娟沉醉于这份油腻、贪婪中，没承想，她婚外情的丑闻露出了马脚。被丈夫发现后，两人当即离了婚，小娟被赶出家门，5岁的儿子归丈夫抚养，只允许小娟每月去看望儿子一次。

　　小娟离婚后，身边的人对她嗤之以鼻，家人也变得冷言恶语，责怪她败坏家风。很快，小娟的社会名誉跌落万丈深渊。此时，小娟极度沮丧，只能紧紧抓住那位婚外情男人，眼下他是仅有的精神和经济依靠。可谁知，自从小娟离婚后，那位男人的态度180度大转变，脸上很少有笑容，以工作忙、压力大为借口不回复小娟的信息。说到这儿，小娟喝了口水，抬手向上捋了一下头发，又接着说："这男人看我离婚了，也跟着踩我一脚，害怕我拖他后腿，想找茬甩掉我。现在我明白了，这渣男一直在拿我开心呢，表面上油嘴滑舌，其实都是伪装的。"

我说："你咋弄出这样的事儿呢？你儿子长大了，不嫌弃你吗？"小娟说："都是那个渣男坑了我，我也是自作自受，谁让我当初傻呢，眼下只能走一步看一步。"

看到小娟这副惨淡的样子，我心里像被笼罩了一层乌云，黑压压的，透不过气来。我想，她不是傻，是没有底线地索取、贪婪，竟然不顾一切地交出肉体和脸面，爬上有妇之夫的床。无非就是肉体那点风流韵事儿。事后，两人一拍两散，各回各家，各找各妈。当然啦，那个男人当然不会拒绝的，他更不会在乎一个与自己既不是爱情，也攀不上亲情，友情也算不上的人。这种关系名不言，说不顺，真不知以怎样的态度对待。

之前，公司一名采购员，叫大林。在经销商眼里，他是个实权派。后来被一个卖电料的已婚女士阿美盯上了。阿美识时务，商场、情场都是老手，很快和大林偷偷地搞起了"劈腿"。不久阿美的丈夫知道了，阿美离了婚。大林和阿美的关系更是如鱼得水。两年后，阿美怀孕了，生下一男孩。大林每月要支付阿美和孩子的生活开销，孩子快要入幼儿园了，阿美三番五次提出，要求大林给自己和孩子一个名分。大林无可奈何，弄得心烦意乱。阿美见事情未果，便给大林的妻子打电话，故意激怒大林的妻子。大林被净身出户，果然和阿美组建了家庭。日子才稳定没几年，大林又有了新欢。不管阿美怎么吵闹，大林坚决否认，还摆出一副"忍我者则忍之，不忍我者则离之"的态度。阿美无奈，只能忍气吞声过日子。怎么说，大林也是一块灰色大肥肉，必须死耗到底，就算吃不到肉，也要喝上肉汤。

这类女人很悲催，她抢占人家老公，并非她有多厉害，有多好。一个好的女人不会破坏他人的家庭，不会与他人搞婚外情，更不会存心坑人、害人。遇到大林这类有点小钱、小权的摇钱树，她们好像被灌了迷魂汤，结局都不会好。说不上哪天招来个糖衣炮弹，把天生这副好牌炸得稀烂。这还不算，为了内外太平，她不得不找各种理由来欺骗爱人，一个谎接一个谎，妄语不断，自造口业，必然有损福报。其实婚姻就是一个聚宝盆，是上天赐予自己一个最适合的，能够聚集能量、福气、财气、运气的家中宝物。它是一个人立足于世的基座，基座稳固，才能枝繁叶茂，结出成功的果。如果非得违背天令去推翻它，打碎它，他的人生也将发生翻天覆地的改变，失去所持有的一切好运。如果觉得婚姻不幸福，完全可以通过正常途径解除，而不是以极端的方式来抗衡。有时候，它不仅仅是离婚那么简单，它会让你付出血的代价。

2017 年 4 月，广西韦某带着事先准备好的硫酸来到丈夫的情妇家，将硫酸泼到情妇的脸、身、胸、四肢等部位上。当时只有五个月的女儿正躺在床上，也被硫酸泼到面部、四肢、躯干，造成情妇所受的损伤为重伤二级，构成五级伤残，女儿所受损伤为重伤二级，构成八级伤残。凶手韦某被判处重刑。42 岁的顾大顺有一个令人羡慕的家庭，妻子贤惠能干，女儿懂事。顾大顺与李念搞起了 9 年的地下情。李念多次提出让顾大顺与妻子离婚。考虑到妻子不能答应，顾大顺和李念精心制造了一起交通事故，由情妇开车将妻子撞死后，两人生活到了一起。几年后，在公安机关侦查中，顾大顺割腕自杀，情妇入狱。西充县，邹某肆无忌惮地伤害妻子代某，妻子忍无可忍，与当地一个有家室的男人勾搭起来，并将丈夫邹某杀害后埋入地里。两人生活了五年后，被警察捉拿归案。

人一生要过很多关，最难过的是情关，人们往往也是因"情"栽了跟头。情关啊，是一场考验。渡过去，将修成正果。

渡不过去，那根压死骆驼的野草就会肆意蔓延。

让婚外情这场悲剧能够减少，再少些，那些着迷于野外
撒情，或正心存跃跃欲试的痴情种，请尽早斩断痴念，避免
悔之晚矣。在有限的精力和可数的时间内，只管照顾好家人，
与其惺惺相惜。他们才是在你生活窘迫、身卧病床时，能够
陪伴在你身边的人。他们心甘情愿地为爱付出，为家奉献，
他们也是有血肉、有情感的生灵。你要用心地去爱他们，同
时也是爱自己。只有你自身做到感情忠诚，爱情专一，才配
得上拥有忠于自己的那份感情，才配得上乐享一家人团团圆
圆，共享幸福时光。

端午节快乐！

爱你的妈妈

31

敢于突破自我

亲爱的女儿：

　　昨天见到了你的表哥。每次见到他，都会带给我一个惊喜，免不了让我又一次地谈起他。他叫铁子，今天 36 岁，在沈阳读完初中，就去了澳大利亚读书。铁子聪明、朴实，在他读高中期间，每逢假期回沈阳，他都会找一份短期实习工作。在他 17 岁那年冬季假期，他在一家私人汽车修理厂学徒，没有工资，每天干的是那些又脏又累的杂活儿。一次，他给汽车更换机油，因为自己是新手，没有工作经验，他拧开机油管的螺旋帽，没等及时躲开，一股黑乎乎黏稠稠的机油顺着他的衣服袖子往胳膊里流。在寒冷的三九天，好像把一块冰塞进了胳膊里，凉得刺骨。汽修厂的环境很艰苦，冬冷夏热。只源于对汽车的那份热爱，铁子每年假期都会去不同的修理厂学习。大学时，他攻读理科专业，主修汽车制造。毕业后，他就职于一家外资汽车零部件制造厂。每天下班后和节假日，他就在自家的小工作室，利用汽车模型反复地钻研、探索。他还经常驾着车去野外、雪地、河水里试验。由于专业技能取得很大进步，被晋升为企业的一名技术骨干。远不止这些，铁子与时间赛跑，利用零散时间，自学操作无人机。经过几年的不懈努力，他操作无人机的水平在业内小有名气，经常被邀请到一些大型活动参加表演，薪酬都是按照小时计算，每次都能有一笔可观的收入。去年的 12 月 11 日，中央电视台在澳门举办的"擎动中国"节目中，有 6 位选手被邀请去参加比赛，其中台上那名最高、最帅，也是最胖的小伙儿，就是铁子。

铁子已有一份收入稳定的工作，可是他没有骄傲于当下的优越，没有坐享于眼下安逸的生活，而是坚持学习，努力实现价值观、人生观。他惜时如金，自学各项专业技能，在多个领域均获得了可喜的成绩。基于此，他的人生拥有了很多选择机会，获得了家庭、事业双丰收。令我啧啧称赞的是，他能在一个青春骚动的年龄，扛得住苦，以身实践。也许他梦想着成为汽车领域的一颗新星，也许正是源于当初辛苦的工作经历，积累了丰富的一线经验，为技能水平的拓展如虎添翼。不管源于怎样的初心，这块坚硬的铁子，始终在行动的路上，默默地如金子般光芒万丈。

还有一个男孩，你也是知道的，也是一提起他就令我赞不绝口的人。他叫胜利，家乡的同伴们有时候开玩笑叫他"狗胜儿"。胜利出生在一个依山傍水的偏僻地方，父母以种农田为生计，抚养了三个孩子，胜利排行老二。三个孩子除了上学，其余时间都要在农田里干活儿。胜利只要从农田回到家，就待在自己的小屋里，专心读书、学习，一学就是几个小时。每天早上，胜利早早起床学习，等父母起来做好了早饭，胜利才出来吃完饭，背起书包去学校。

虽生于寒门，但他生性聪明，从小就好学多才。初中、高中，他更加勤奋刻苦，在各学科中，均取得了优异成绩，考取了西安一所名牌大学。大学毕业后，在沈阳一所一本院校攻读材料学硕士。与胜利一起长大，一起上学的邻家孩子，很多到了初中或高中就辍学了。有的去了外地打工，有的在家种田，也有早已结婚生子的，唯有胜利是家乡里读书最多、最出类拔萃的孩子。胜利从小到大都很自律，总是自觉地、主动地学习。他没有被固有的环境束缚，也没有被古板的习俗限制，他有独特的思想，敢于挑战自我的决心。他付出了比常人多出几倍的努力，一边潜心钻研，一边在工作岗位上勤勤恳恳、兢兢业业。他在实验室反反复复地做研发新产品的实验，有时不小心将化学材料溅到衣服上，衣服被侵蚀出好几个大洞。若得惊人艺，需下苦功夫。胜利凭借着倔强、固执、不服输的精神，研发出一款钛制炒锅，曾获得了专利奖项，还被邀请到中央电视台做过一场别开生面的产品发布会。

盛年不重来，岁月不待人。路在脚下，梦在行动上。我们不能掌控自己的起点，但是前方的路是要自己走。我们身边还有许多有志气的年轻人，他们正展现着不服输的态度和一股坚韧的品质，一次一次地挑战自己，一遍一遍从困境中爬起，开创出一个不平庸的自我。他们能放下身段，向前拼搏。没错，青春是用来拼搏的，是充满创造力的。青春，它又是手握着的一本绝版的手抄本，记录的是斗志昂扬的旋律和跌宕起伏的音节。它经得起岁月的打磨，日久年深，依然悦耳、动人！

早安！

爱你的妈妈

堂前萱草苑，根系相依连。
低语绵柔柔，深情不可言。